Estratégias didáticas
para aulas CRIATIVAS

SIMÃO DE MIRANDA

Estratégias didáticas para aulas CRIATIVAS

PAPIRUS EDITORA

Capa	Fernando Cornacchia
Coordenação	Ana Carolina Freitas
Copidesque	Daniele Débora de Souza
Diagramação	DPG Editora
Revisão	Edimara Lisboa e Isabel Petronilha Costa

Dados Internacionais de Catalogação na Publicação (CIP)
(Câmara Brasileira do Livro, SP, Brasil)

Miranda, Simão de
  Estratégias didáticas para aulas criativas/Simão de Miranda. – Campinas, SP: Papirus, 2016.

Bibliografia.
ISBN 978-85-449-0200-4

1. Aprendizagem – Avaliação 2. Criatividade 3. Didática 4. Educação 5. Ensino 6. Pedagogia 7. Sala de aula – Direção I. Título.

16-04735   CDD-370.7

Índice para catálogo sistemático:
1. Didática: Ensino: Educação   370.7

1ª Edição – 2016
9ª Reimpressão – 2023

Exceto no caso de citações, a grafia deste livro está atualizada segundo o Acordo Ortográfico da Língua Portuguesa adotado no Brasil a partir de 2009.

Proibida a reprodução total ou parcial da obra de acordo com a lei 9.610/98.
Editora afiliada à Associação Brasileira dos Direitos Reprográficos (ABDR).

DIREITOS RESERVADOS PARA A LÍNGUA PORTUGUESA:
© M.R. Cornacchia Editora Ltda. – Papirus Editora
R. Barata Ribeiro, 79, sala 316 – CEP 13023-030 – Vila Itapura
Fone: (19) 3790-1300 – Campinas – São Paulo – Brasil
E-mail: editora@papirus.com.br – www.papirus.com.br

Dedico a minha amada esposa, Stela de Miranda, por compreender-me nas minhas horas de estudos e abraçar esta causa que também é dela.
Para minha filha amada, Júlia de Miranda, pelo amor que lhe tenho e pela esperança em uma escola que a ajude a ir longe.

AGRADECIMENTOS

Este livro é um dos frutos do meu estudo de pós-doutoramento em Educação no Programa de Pós-graduação em Educação da Faculdade de Educação da Universidade de Brasília (UnB), finalizado em 2015. Em virtude disso, faz-se absolutamente necessário registrar os seguintes agradecimentos:

Meu muitíssimo obrigado à professora e amiga querida, Albertina Mitjáns Martínez, pelo acolhimento e parceria na supervisão deste pós-doc e no sonhar uma escola onde os aprendizados façam sentido.

Agradeço às amigas, professoras Valdívia, Miriam, Luciana e Márcia, da Equipe de Formação para a Educação Infantil da Secretaria de Estado de Educação do Distrito Federal (SEEDF)/Escola de Aperfeiçoamento dos Profissionais da Educação (Eape), parceiras na construção de uma educação criativa e produtiva.

Agradeço à SEEDF pela concessão do afastamento remunerado para estudos e à direção da Eape, gestão do amigo, professor Mano, em 2014, sem o qual tal estudo não seria viabilizado.

Sumário

PREFÁCIO 13

INTROITO: VELHOS CAMINHOS NÃO ABREM NOVAS PORTAS 19

CAPÍTULO 1 – A CRIATIVIDADE NA PERSPECTIVA DA
SUBJETIVIDADE E SEUS DESDOBRAMENTOS NO CAMPO
DA EDUCAÇÃO 29

CAPÍTULO 2 – BASES CONCEITUAIS DAS ATIVIDADES PROPOSTAS 35
Sistema Didático Integral 35
Trabalho Pedagógico Criativo 36
Aprendizagem Criativa 38

CAPÍTULO 3 – PROPOSTAS DE ESTRATÉGIAS DIDÁTICAS CRIATIVAS
À LUZ DO SISTEMA DIDÁTICO INTEGRAL, DO TRABALHO
PEDAGÓGICO CRIATIVO E DA APRENDIZAGEM CRIATIVA 41
Estratégias criativas para que a turma se conheça 42
    Aquecimento socioafetivo 42
    Sondando motivações 43
    A lâmpada mágica 43
    Fitas da mesma cor 44
    A mais bela constelação 44
    Carta-compromisso 45

Estratégias criativas para a exploração de conteúdos 47
    Cartões em grupos 47
    Painel de grupos 49
    Expressando-se em um minuto 50
    Aprendendo com conversas paralelas 51
    Três leituras 52
    Ouvindo e refletindo 53
    Aprendendo a perguntar 55

    Leitura atenta e comentada 56
    Pomodoro 56
    A fantástica visita à exposição de conceitos 57
    Reação em cadeia 58
    Estímulos sensoriais 60
    Perseguindo o conhecimento 60
    Jogo rápido 63
    Como você resolveria? 65
    Invertendo a sala de aula 66
    Explorando completa e intensamente as leituras 67
    Comunicando o aprendido de formas não usuais 69
    Smartphones e *tablets* são bem-vindos à sala de aula 70
    Explorando os recursos do QR Code nas aulas 71
    Quem mudará de opinião? 72
    Praticando a leitura compreensiva 74
    Todas as chances de acertar 75

Estratégias criativas para avaliação da aula, da disciplina ou
do curso e autoavaliações discente e docente 77
    Radar de autoavaliação do desempenho do aluno 77
    Radar de avaliação da disciplina ou do curso feito pelo aluno 81
    Meu querido diário 85
    Curti! Não curti! 85
    O retorno da lâmpada mágica 87
    O retorno da carta-compromisso 87
    Lista de verificação de autoavaliação do aproveitamento discente 88
    Lista de verificação de autoavaliação do desempenho docente 89
    Lista de verificação de avaliação do desempenho docente pelo aluno 91
    Avaliando em uma palavra 93

Estratégias criativas de avaliação para as aprendizagens 93
    Produzindo democraticamente um banco de questões com a turma 93
    Contrato de avaliação 94
    Escrevendo ou dizendo o que sabe 96
    Escrevendo ou dizendo o que ainda não compreendeu 97
    O que você realmente aprendeu hoje? 98
    Avaliando em um minuto 99

Estratégias criativas para momentos específicos 100
    Árvore de ideias 100
    Um minuto de silêncio 101
    Retomando o foco 102
    Surpreendendo-os 103
    Quem entendeu? Quem não entendeu? 104

Insistindo na pergunta 105
Indo mais fundo 106
Onde isso será útil? 106
Esteja próximo, faça contato 107
Retomando os objetivos 108
Cenas do próximo capítulo 108
Histórias de vida dos autores 109
Vão pensando sobre isso 110
Do que tratamos na aula passada? 111
Abrindo e fechando as aulas em grande estilo 112
Refazendo a sintonia fina da atenção 113

CAPÍTULO 4 – UMA EXPERIÊNCIA DIDÁTICA INSPIRADA NAS PERSPECTIVAS CONCEITUAIS SISTEMA DIDÁTICO INTEGRAL, TRABALHO PEDAGÓGICO CRIATIVO E APRENDIZAGEM CRIATIVA 115
Aula 1 117
Aula 2 118

EPÍLOGO QUE PRETENDE SER RECOMEÇO:
A AULA PRECISA DESEJAR O ALUNO 121

REFERÊNCIAS BIBLIOGRÁFICAS 125

Prefácio

*Dra. Albertina Mitjáns Martínez**

Sempre que recebo o convite para escrever o prefácio de um livro, confesso que sinto simultaneamente uma grande satisfação e uma grande responsabilidade. Satisfação pelo que representa em termos de reconhecimento, bem como generosidade e confiança de quem realiza o convite. Por outro lado, responsabilidade pelo que significa prefaciar uma obra na qual, em seu conteúdo, confluem, no mínimo, o autor, sua história e o contexto onde a obra é produzida.

Nesse sentido, o convite do Dr. Simão de Miranda para prefaciar o livro *Estratégias didáticas para aulas criativas* não constitui uma exceção. Estamos na presença de um livro sobre estratégias didáticas criativas, tema que aqui assume características singulares, pois apresenta um conjunto variado de estratégias bem-fundamentadas cientificamente que podem se constituir em fonte de inspiração para a criatividade no trabalho pedagógico de professores de diferentes níveis de ensino. Trata-se de um livro elaborado por um autor profundamente implicado na transformação das formas tradicionais de ensino, que durante muitos anos tem expressado significativa criatividade no seu trabalho pedagógico e que, hoje, compartilha com os leitores, de maneira sistematizada, muitas de suas melhores experiências em sala de aula.

---

* Professora-associada da Faculdade de Educação da Universidade de Brasília.

O livro surge num contexto muito oportuno, em um momento em que, perante as evidentes deficiências da educação brasileira em múltiplos aspectos, são requeridos processos de reflexão e ação que contribuam para transformar essa realidade. Sabe-se que as mudanças que a educação brasileira requer são de grande complexidade, pois implicam questões estruturais, socioeconômicas, políticas e não apenas técnicas ou pedagógicas. Mas o autor, como sujeito sensibilizado e implicado na promoção de mudanças necessárias ao cotidiano escolar, contribui com sua obra evidenciando formas que podem estimular, dentro dos limites impostos pelo sistema educativo atual, uma aprendizagem mais efetiva dos alunos – objetivo principal dos processos educativos escolares.

A obra é um convite a professores de diferentes níveis de ensino à reflexão sobre suas próprias práticas, a focar sua atenção no processo de aprendizagem e no aluno como sujeito que aprende, evidenciando que as estratégias didáticas apresentadas constituem apenas um meio para favorecer a aprendizagem do aluno – foco que perpassa todo o livro.

Considero importante salientar esse foco, pois ainda prevalece, no cotidiano escolar, uma ênfase maior nos processos de ensino, em detrimento dos processos de aprendizagem e embora ensino e aprendizagem sejam processos intimamente relacionados, o primeiro, do meu ponto de vista, constitui apenas um importante meio para atingir o segundo. Minha experiência de trabalho em escolas de diferentes níveis de ensino tem evidenciado, no decorrer dos anos, que os professores, salvo exceções, têm muito mais clareza a respeito do que devem ensinar do que sobre o que os alunos precisam aprender. Assim, os objetivos da aprendizagem dos alunos, para muitos, não são o que orientam as práticas pedagógicas. Inclusive, em muitos casos, nota-se dificuldades em formular tais objetivos com clareza. O que pretendemos que o aluno aprenda e, especialmente, a tomada de consciência por parte dele do que deve aprender são elementos essenciais para o delineamento de um trabalho pedagógico favorecedor de um aprendiz que seja sujeito de sua própria aprendizagem.

Três aspectos me parecem importantes destacar nesta obra, na qual o cuidado do autor com a fundamentação teórica das estratégias apresentadas é uma caraterística altamente significativa.

Em primeiro lugar, não apenas o foco na aprendizagem do aluno, mas o modo com que a aprendizagem é compreendida: em sua complexidade constitutiva, a aprendizagem é concebida como processo subjetivo, no qual se expressam não apenas aspectos tradicionalmente concebidos de maneira fragmentada, como cognitivos, motivacionais e afetivos, mas como processo complexo, no qual se articulam aos elementos operacionais processos simbólico-emocionais que participam da qualidade desse processo (González Rey 1999 e 2008; Mitjáns Martínez e González Rey 2012). O autor assume, também, a concepção do sujeito que aprende (González Rey 1999, 2003 e 2008), que remete à ideia de um aluno ativo e envolvido em seu processo de aprendizagem, condição que lhe permite utilizar o aprendido em situações novas. Particular atenção dá o autor ao conceito de aprendizagem criativa (Mitjáns Martínez 2008a e b; 2012a e b), que se caracteriza por três aspectos estreitamente articulados: (1) a maneira com que o aluno personaliza a informação que recebe, (2) a confrontação e o questionamento que faz frente ao conhecimento que lhe é apresentado e (3) a produção de ideias próprias e "novas" que, de algum modo, transcendem o compreendido.

Como já mencionei em obras anteriores, trata-se de um processo que diferencia a aprendizagem criativa de outros tipos de aprendizagem, expressa o caráter produtivo, gerador e transgressor do aprendiz. A novidade, característica distintiva da criatividade, está presente em cada um dos aspectos que o caracterizam, resultando em uma aprendizagem de *outro tipo*, que, infelizmente, não é dominante no contexto escolar, onde a reprodução tem sido hegemônica, em detrimento da produção criativa.

As estratégias didáticas apresentadas visam contribuir à promoção da aprendizagem significativa e criativa, aspectos que caracterizam o aprendiz como sujeito. Embora se reconheça que nenhuma ação educativa, por mais bem delineada que esteja por parte do professor, tenha um efeito linear na aprendizagem do aluno, em função da participação da subjetividade do aprendiz nesse processo (González Rey 1999), o Dr. Miranda defende, com razão, a possibilidade de contribuir com as estratégias didáticas propostas no favorecimento da mobilização de recursos subjetivos importantes para uma aprendizagem efetiva.

O segundo ponto a ser destacado na obra é a integração das estratégias didáticas propostas em um sistema de ações que abarcam todos os principais aspectos do trabalho pedagógico do professor em sala de aula, o que tenho denominado Sistema Didático Integral (Mitjáns Martínez 1997). Tal sistema, que integra desde a maneira com que o professor trabalha com os alunos seus objetivos de aprendizagem até as estratégias para gerar um clima emocional favorável a formas de aprendizagem efetivas, permite uma coerência das ações pedagógicas que podem contribuir em maior medida que estratégias isoladas e fragmentadas aos tipos de aprendizagem pretendidos.

O livro está focado em cinco tipos de estratégias didáticas:

- estratégias para que a turma se conheça;
- estratégias para a exploração de conteúdos;
- estratégias para avaliação da aula, da disciplina ou do curso e autoavaliações discente e docente;
- estratégias para avaliação da/para a aprendizagem;
- estratégias para momentos específicos.

Embora outras estratégias didáticas associadas ao Sistema Didático Integral não tenham sido amplamente exploradas como as apresentadas anteriormente, como, por exemplo, o modo de selecionar conteúdos verdadeiramente importantes e significativos, as diversas maneiras de orientar o dever de casa, bem como estratégias específicas para a constituição de um clima de desafios e tensão estimulador das aprendizagens pretendidas, o autor teve o cuidado de apresentar como tais estratégias se articulam nesse Sistema e, em cada uma delas, quais os recursos subjetivos que podem ser mobilizados para os tipos de aprendizagem pretendidos.

Por fim, um terceiro aspecto que merece especial destaque é a maneira com que o lúdico é introduzido em muitas das estratégias propostas. Durante muito tempo, a ludicidade na aprendizagem escolar não foi objeto de atenção especial, porém, nos últimos anos, tem sido objeto de atenção de diferentes formas. No caso do professor Miranda, o lúdico emerge como parte integrante da estratégia proposta, não como algo externo, acessório, mas como parte intrínseca da estratégia, favorecendo o prazer e o envolvimento dos alunos no aprendizado.

As estratégias apresentadas não pretendem se constituir em receitas, como frisa o autor, sendo apenas experiências bem-sucedidas, que convidam à reflexão sobre como favorecer mudanças no processo de ensino-aprendizagem. Cada uma delas pode ser adaptada, mudada e, inclusive, transcendida. É precisamente a isso a que o autor nos convoca: a refletir, a imaginar, a criar. Nisso, reside a utilidade desta obra e sua inestimável contribuição a um ensino de novo tipo.

Cada um dos capítulos torna-se um desafio para a reflexão, e a obra, em seu conjunto, um instrumento para a ação, especialmente para uma ação renovada de todos nós, docentes, e de todos os que, de uma ou outra forma, participam do processo de formação de professores. O livro, escrito de maneira clara, próxima, amigável, com inúmeros exemplos práticos, torna-se uma ferramenta para repensar nossa própria prática e para transformá-la, especialmente se formos capazes de nos constituir como sujeitos de nosso trabalho pedagógico na confrontação com as diversas limitações que a sociedade, as instituições escolares e o sistema escolar nos impõem.

Referências bibliográficas

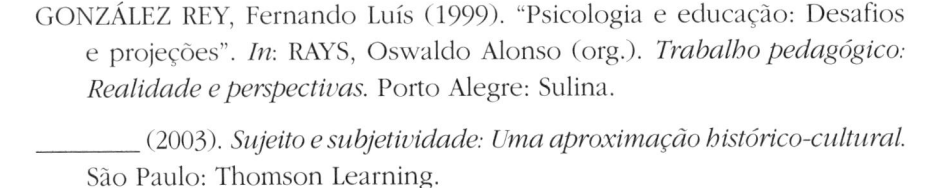

GONZÁLEZ REY, Fernando Luís (1999). "Psicologia e educação: Desafios e projeções". *In*: RAYS, Oswaldo Alonso (org.). *Trabalho pedagógico: Realidade e perspectivas*. Porto Alegre: Sulina.

_____ (2003). *Sujeito e subjetividade: Uma aproximação histórico-cultural*. São Paulo: Thomson Learning.

_____ (2008). "O sujeito que aprende: Desafios do desenvolvimento do tema da aprendizagem na psicologia e na prática pedagógica". *In*: TACCA, Maria Carmen (org.). *Aprendizagem e trabalho pedagógico*. Campinas: Alínea.

MITJÁNS MARTÍNEZ, Albertina (1997). *Criatividade, personalidade e educação*. Campinas: Papirus.

_____ (2008a). "Criatividade no trabalho pedagógico e criatividade na aprendizagem: Uma relação necessária?". *In*: TACCA, Maria Carmen (org.). *Aprendizagem e trabalho pedagógico*. Campinas: Alínea.

_____ (2008b). "A criatividade como princípio funcional da aula: Limites e possibilidades". *In*: VEIGA, Ilma Passos Alencastro (org.). *Aula: Gênese, dimensões, princípios e práticas.* Campinas: Papirus.

MITJÁNS MARTÍNEZ, Albertina e GONZÁLEZ REY, Fernando Luís (2012). "O subjetivo e o operacional na aprendizagem escolar: Pesquisas e reflexões". *In*: MITJÁNS MARTÍNEZ, Albertina; SCOZ, Beatriz Judith Lima; CASTANHO, Marisa Irene Siqueira (orgs.). *Ensino e aprendizagem: A subjetividade em foco.* Brasília: Liber Livro.

intróito Velhos CAMINHOS não abrem novas PORTAS

O que é aprender? A etimologia não nos ajuda muito. No latim, *apprehendere* é "apanhar", "recolher". E sabemos que o ato de aprender não é assim poeticamente passivo. É de caráter complexo, dinâmico, contraditório, plural, dialético e multifacetado. Então, o que é mesmo aprender? Somamos a esta, novas perguntas: por que se aprende? Para que se aprende? Como se aprende? Naturalmente, tais indagações fundamentais estão intimamente associadas a outras: o que é ensinar? Por que se ensina? Para que se ensina? No latim, *insignare* é "pôr sinal", "sinalizar". Da mesma maneira, é uma definição etimológica rasa. O ato de ensinar vai muito além do que "apontar", "marcar com sinais". Igualmente complexo, dinâmico, contraditório, plural, dialético e multifacetado, o ato de ensinar nos desafia a compreendê-lo. Ensinar e aprender são indissociáveis, estão imbricados, são processos recursivos e não é possível sabermos onde um termina e o outro começa. A propósito, Joseph Joubert, escritor e ensaísta francês do final do século XVIII e início do século XIX, já nos dizia que "ensinar é aprender duas vezes", e nosso mineiro inquieto Guimarães Rosa nos ensinava, em seu *Grande sertão: Veredas*, que "mestre não é quem sempre ensina, mas quem de repente aprende" (Rosa 2006, p. 271). Todavia, de algo desconfiamos muito agudamente: são perguntas essenciais que, em se considerando a aprendizagem formal e institucionalizada, ensinantes e aprendentes precisam elucubrar rotineiramente. Suas respostas também são complexas, contraditórias, plurais e multifacetadas. Mas discuti-las pode nos nortear, pode apontar para uma considerável efetividade nos atos de ensinar e de aprender, sobretudo se considerarmos as possibilidades de, na qualidade e arrojo das discussões, nos abrirmos ao novo. Aforismo antigo: velhos caminhos não abrem novas portas.

Existem vários modelos de ensino-aprendizagem no contexto da escola, muitos deles extremamente controversos, sustentados pelas mais diversas teorias e ideologias, respeitáveis dentro dos contextos nos quais se inserem. Vamos nos deter em quatro deles, que convivem entre si no cenário do ensino-aprendizagem atual: memorísticas, compreensivas, significativas e criativas. As aprendizagens memorísticas, de perspectiva cognitiva extremamente acentuada, têm por base a repetição; são utilizadas para finalidades pontuais e específicas, ficando alocadas na memória de curto prazo e não tardarão a desaparecer, caso não se tornem efetivas. Aprendizagens compreensivas consistem na "tradução" da informação recebida para a linguagem do aluno,[1] como se ele dissesse: "Sim, eu compreendi!", porém não saberá o que fazer com aquilo. Já as aprendizagens significativas são, em seu princípio, compreensivas, mas ganham sentidos e significados para o aprendiz que estabelece relações entre os conteúdos aprendidos e dialoga com suas idiossincrasias; aplicam-se no seu cotidiano e, por isso, são duradouras. As aprendizagens criativas também se originam nas aprendizagens compreensivas e significativas e se referem àquelas em que o aprendente, como sujeito ativo, crítico e reflexivo, produz, na sua singularidade, algo novo com base na informação dada. A aprendizagem criativa transcende ao que lhe é apresentado, ganhando sentidos e significados singulares e, por isso, ela também é significativa. E é com essas duas últimas modalidades de aprendizagens, criativa e significativa, que este livro se ocupa, por tratar-se de aprendizagens produtivas. Aliás, para Mitjáns Martínez (2012b, p. 101) a aprendizagem criativa

> é extremamente importante no mínimo por duas razões. A primeira é a força e estabilidade que adquire o aprendido e suas possibilidades de utilização efetiva em novas situações. (...) Esta questão constitui uma preocupação dos educadores, muitos dos quais observam com inquietação e não poucas vezes com decepção, perderem-se seus esforços quando após um breve período de tempo os alunos pouco de se lembram do estudado.

---

1. Com imenso respeito e afeto que tenho às alunas, este livro opta por fazer uso apenas do gênero masculino, como utilização genérica, para evitar a cansativa escrita e leitura ao se tentar contemplar os dois gêneros com o recurso dos artigos "os/as".

Entremos um pouco mais floresta adentro. Aprendizagem significativa não é, absolutamente, um conceito novo, embora muitos educadores, desconhecendo esse marco histórico, o propalem nos dias de hoje como se fosse a última novidade em termos de teoria sobre aprendizagens. Tal conceito, fundado no remoto ano de 1963 por David Ausubel, renomado psicólogo estadunidense que adotou a área da educação como campo de pesquisa, já defendia uma aprendizagem que fizesse sentido ao aprendiz. Este construto de viés cognitivista tem sido ao longo desse tempo objeto de inúmeros desdobramentos, releituras e deixou, sem dúvida, contribuições importantes para a concepção de aprendizagem criativa. Há mais de meio século, educadores e teóricos da educação convivem com esse construto de alguma maneira presente nas mais diversas ondas de correntes pedagógicas que surgem e ressurgem, com força total, em vários momentos na história da educação. Todavia, nunca deixou de se falar e de se reclamar por aprendizagens significativas, aquelas que realmente signifiquem, sobretudo nas correntes pedagógicas menos tradicionais, nomeadamente mais progressistas, mais humanistas. Mas, ao que parece, se ainda tanto as reivindicamos, é porque ainda não a alcançamos na sua inteireza e nos flagramos em paradoxos comprometedores: defendemos aprendizagens ricas em significados e sentidos, mas, em muitos momentos e contextos, praticamos, por exemplo, processos de ensino-aprendizagem behavioristas quando fincamos pé na crença de que o meio é quem define o sujeito, ou quando não levamos em conta aquilo que o aluno já sabe.

Assim, se objetivamos de fato ações docentes qualificadas, significativas e ricas em sentido, que promovam aprendizagens efetivas, e somos convictos de que as metodologias usuais não dão conta de produzi-las, é preciso repensar os processos de "ensinagens" e de aprendizagens, sobretudo no sentido de proporcionarmos "aprenderes" produtivos e não meramente reprodutivos. É urgente ousarmos uma perspectiva de trabalho pedagógico mais criativo, o qual poderá favorecer a produção de aprendizagens que realmente façam sentido aos nossos alunos. Nessa perspectiva, recupero o que disse em outra obra (Miranda 2015, pp. 12-13) entendendo que o ato de aprender é aquele que nos transforma, que nos melhora e nos ajuda a melhorar de alguma forma o mundo social no qual vivemos. Claro que a responsabilidade por uma verdadeira aprendizagem é compartilhada entre quem aprende e quem ensina. Outros fatores estão presentes neste cenário, sem dúvida. Mas, são estes dois os atores centrais desta trama envolvente! Digo mais: o aluno é o protagonista. Mas o professor, longe de ser apenas um coadjuvante, desempenha papéis primordiais instituindo parcerias essenciais! Este, de sua parte, precisa imbuir-se das convicções e das estratégias que podem fazê-lo um professor comprometido com processos de ensinar que possibilitem aos conteúdos ensinados terem sentido e significado para o aluno! Quer seja por meio de aulas mais criativas, mais flexíveis, mais dinâmicas, mais dialogadas, mais lúdicas; quer seja fazendo com que as leituras propostas sejam provocativas e orientadas, com que as avaliações sejam coerentes com o ensinado e que sejam um momento a mais de aprendizado e não de punição; quer seja pelo estabelecimento de relações mais afetivas e mais acolhedoras entre professor e alunos.

A propósito, também na década de 1960, portanto contemporâneo de David Ausubel, o professor e pesquisador norte-americano Edgar Dale, com vários livros publicados por lá de interesse a esse tema, dentre eles *Techniques for teaching* (Técnicas para ensinar), *Building a learning environment* (Construindo um ambiente para o aprendizado) e *Audio visual methods in teaching* (Métodos audiovisuais para o ensino), interessado por estratégias de ensino, desenvolveu um estudo sobre as diferentes modalidades de ensino e suas respectivas efetividades, criando o modelo denominado The Cone of Learning (Dale 1969), conhecido por aqui como Pirâmide da Aprendizagem. Embora elaborada em 1969 e mesmo sem conhecimento de suas bases científicas, essa provocação nos é extremamente simpática. Veja, na tabela que elaborei, suas concepções do que ocorre nos processos de aprendizagem após duas semanas de "ensino":

O aluno é capaz de		Tipos de estratégias
definir, descrever, listar e explicar	10% do que leu	Estratégias passivas
	20% do que ouviu	
demonstrar, aplicar e praticar	30% do que viu	
	50% do que viu e ouviu	
analisar, projetar, criar e avaliar	70% do que disse	Estratégias ativas
	90% do que disse e fez	

Vê-se que, mesmo nas estratégias passivas, as quais ainda insistem em habitar muito vivamente nosso cotidiano pedagógico, há algum tipo de aprendizagem. O que desconfiamos é da sua efetividade, uma vez que as habilidades produzidas por elas, descritas pelo autor, são de usos pontuais, descartáveis, superficiais e não se integram à bagagem de conhecimento dos aprendizes, transformando-os. As estratégias ativas estão ligadas a habilidades mais consistentes, concretas e produtivas; já apontam para aquilo que nós, estudiosos da subjetividade, defendemos na perspectiva do sujeito que aprende: um posicionamento ativo e reflexivo.

A seguir, na reprodução da Pirâmide da Aprendizagem, de Edgar Dale, que elaborei, perceba que quanto mais situada em direção à base, mais estratégias ampliam suas possibilidades de ação.

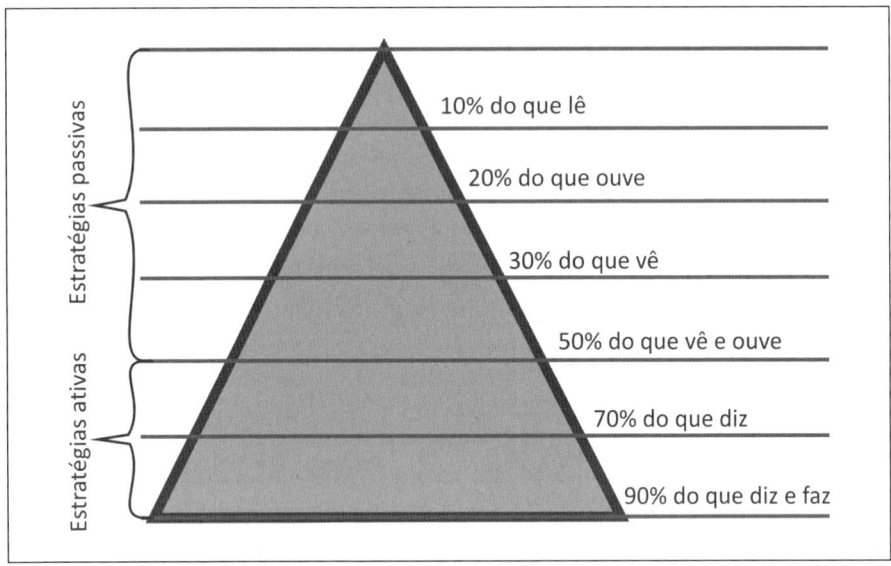

Este modelo nos inspira a continuarmos insistindo no pensar e na prática de estratégias didáticas criativas que mobilizem aprendizagens produtivas, criativas e efetivas em nossas escolas. Bem a propósito, Cavalcanti (2009, p. 55) é uma das inúmeras pesquisadoras a nos recomendar que

> sugestões de estratégias, aplicáveis ao contexto de sala de aula, que incrementem, desenvolvam e mantenham a motivação para aprender

dos alunos podem subsidiar a ação adequada dos professores frente os desafios relacionados à motivação escolar, (...) estímulos para quebrar a rotina e despertar o interesse dos alunos pela atividade, curiosidade e emoções positivas; oferta de *feedback* e elogios aos alunos.

Assim, meu desejo imenso e intenso é que esta obra possa motivar você, professor, a romper definitivamente com os modelos ultrapassados de ensino e que suas atitudes também inspirem seus colegas, criando um favorável círculo virtuoso para aprendizagens vivas, criativas, produtivas, significativas. Afinal, velhos caminhos não abrem novas portas.

Este livro, um dos produtos do estudo do meu pós-doutorado em Educação, sob orientação da professora doutora Albertina Mitjáns Martínez, tem como objetivo primordial contribuir nas discussões teórico-práticas sobre aprendizagens criativas, significativas e produtivas, principalmente nas propostas de Sistema Didático Integral para Contribuir ao Desenvolvimento da Criatividade (Mitjáns Martínez 1997), de Trabalho Pedagógico Criativo e Aprendizagem Criativa, desenvolvidas por Mitjáns Martínez (2008a e 2008b), à luz da Subjetividade na Perspectiva Histórico-Cultural (González Rey 1999, 2003 e 2005). Associado a tais questões, visa, especialmente, partilhar dezenas de estratégias didáticas criativas que certamente vão colaborar para o enriquecimento de seu trabalho pedagógico, favorecendo aprendizagens efetivas, produtivas e que façam sentido aos nossos alunos.

Adoto o conceito de "estratégia" em função de sua expressividade semântica apontar para o uso de recursos disponíveis eficazes para se atingir objetivos propostos, o que me parece mais apropriado para as características deste trabalho. Além do que a criatividade é mobilizada por diferentes estratégias. Como exemplo disso, quero abrir espaço para recontar uma bela metáfora sobre estratégia criativa que me acompanha há anos: conta-se que na Nova York do século passado uma grande empresa assim que se instalou em um arranha-céu começou a receber incontáveis reclamações dos funcionários e clientes de que os elevadores eram muito lentos e que, por isso, se desperdiçava muito tempo em deslocamento. Reivindicaram a instalação de elevadores mais velozes, mas tal tecnologia ainda não estava disponível para aquela época. Foi aí que alguém da empresa teve a ideia de instalar espelhos nos elevadores, estratégia que pôs fim às reclamações. Portanto, os espelhos eram os recursos disponíveis na ocasião e de fato foram eficazes na consecução do objetivo: solucionar os clamores. Isso pode ser aplicado a qualquer área do conhecimento humano, sobretudo no campo da educação.

Sabemos da oposição de muitos colegas educadores à criatividade e à inovação, da resistência à abdicação da sua *zona de conforto*, representada por rotinas metodológicas que cumpre mecanicamente, de olhos fechados, há tempos, e que, na sua visão, *sempre deram certo*. Então, por que mudar? Mas as perguntas que decorrem são: o que é *dar certo*? *Dão certo* para quem? Há ainda outros que se inibem em romper os paradigmas da usualidade pelo temor do olhar *repressor* do grupo sobre ele, como se assim refletisse: "O que vão pensar ou dizer de mim?". Outros, por ausência de uma autoavaliação crítica e ética, não se percebem arraigados a metodologias tradicionais e ortodoxas que vão à contramão de uma pedagogia humanista, progressista e transformadora. A verdade é que fomos ensinados a ser não criativos, principalmente na escola e, por isso, desperdiçamos criatividade a todo momento. Sem dúvida que ousar um Trabalho Pedagógico Criativo é mais oneroso em termos de esforço e tempo investidos no planejamento, avaliação, retorno e recondução, mas o professor comprometido não pode medir esforços para fazer sua aula ir além do mínimo, e a relação custo-benefício valerá a pena para professor e aluno. Reitero: velhos caminhos não abrem novas portas. Afinal, a criatividade é a nossa maior riqueza desde sempre. E você, professor, como se percebe? Antes de prosseguir gostaríamos que respondesse a si próprio honestamente:

1. Você trabalha na perspectiva de *transmissão de conhecimentos* e de *assimilação* destes por parte dos alunos?
2. Você trabalha com a expectativa de que os alunos *absorvam* os conhecimentos?
3. Você usa as expressões *acumular* ou *armazenar* conhecimentos?
4. Você adota o princípio do *eu ensino, ele aprende*?
5. Sua ação pedagógica reproduz os saberes prontos?
6. Você passa ao largo da consciência crítica nas suas leituras e formações?

7. Você abdica de criar condições para o exercício da consciência crítica dos seus alunos?
8. Você não abre mão da boa e velha aula expositiva?
9. Você não se importa com o clima criativo na sala de aula?
10. Você é usuário da boa e velha prova como única ferramenta avaliativa?
11. Você não sabe se suas avaliações são significativas?
12. Suas avaliações não reorientam seu trabalho pedagógico?
13. Você não estabelece critérios de avaliação coerentes, claros e discutidos com os alunos?
14. Você acha que clima de afeto e leveza nas interações com seus alunos é algo secundário?
15. Você desconsidera perguntas e sugestões que vêm dos seus alunos?
16. Você usa sempre as mesmas estratégias de ensino?

Não sei como você se posicionou, mas as repostas positivas a este *quiz* apontam para um possível perfil de um professor que precisa urgentemente fazer das fronteiras de sua zona de conforto, zonas de contato, que inevitavelmente serão zonas de confronto, com novas experiências didáticas que venham arejar seu trabalho pedagógico. Sou cônscio do trabalho de Hércules que é o enfrentamento do *status quo* imposto por escolas e professores que insistem em não mudar. Estou de acordo com Cavalcanti (2009, p. 81) a nos lembrar, por exemplo, que

> o sistema educacional vigente se organiza de maneira homogênea, em progressão linear dos conteúdos curriculares, frequentemente requerendo que os alunos se ajustem, aceitem e introjetem padrões de comportamentos e conceitos pré-estabelecidos, em detrimento de sua participação ativa no processo de construção do conhecimento.

Entretanto, o desafio está posto! Você topa? Sabia que sim! Aproveite e convide gentilmente seus colegas, os quais você considere que flertam com o perfil apresentado, a conhecerem este livro que ora você tem em mãos.

Já que voltei a falar desta obra, advirto que não é sua intenção constituir-se em um manual prático nem em um compêndio de receitas infalíveis. As constituições singulares e irrepetíveis dos sujeitos que compõem uma sala de aula e as múltiplas configurações subjetivas que os integram ensinam que só se pode mesmo *partilhar experiências* que inapelavelmente precisarão ser reconfiguradas nos diversos contextos às quais serão dirigidas. Como já disse, e reforço, isso requer esforço, responsabilidade e trabalho do professor no tocante ao seu planejamento, condução e avaliação. Assim como as consequentes adaptações de estratégias exigidas pelas avaliações. Essas propostas não levam consigo nenhuma garantia de efeito bem-sucedido, pois, como também advertiu Mitjáns Martínez (2012b),

> não é possível garantir o efeito de uma ação intencional vinda de fora, posto que esta poderá eliciar a produção de sentidos subjetivos diversos em função da configuração subjetiva do aprendiz, dos sentidos subjetivos gerados em relação ao outro do qual proveem a intencionalidade educativa e da subjetividade social dominante no espaço social. (...) Não significa que, como professores, nada podemos fazer e que nossas ações não vão ter nenhum efeito.

Considerando este importante alerta, voltemos ao livro, que está assim organizado:

No Capítulo 1 discorro sobre o construto *criatividade* na perspectiva da subjetividade e a respeito de como tal questão pode repercutir nos processos educativos; aqui também são explicitados os pressupostos conceituais do Sistema Didático Integral, do Trabalho Pedagógico Criativo e da Aprendizagem Criativa.

No Capítulo 2 apresento as bases conceituais das atividades propostas aqui, que são o Sistema Didático Integral, o Trabalho Pedagógico Criativo e a Aprendizagem Criativa.

No Capítulo 3 exponho um vasto repertório de estratégias didáticas criativas, intensamente praticadas por mim, sustentadas no referido suporte conceitual. Esse conjunto de estratégias cobre cinco situações características dos processos de ensinar e de aprender. São propostas de estratégias criativas para:

1. que a turma se conheça;
2. a exploração de conteúdos;
3. avaliação da aula, da disciplina ou do curso e autoavaliações discente e docente;
4. a avaliação para as aprendizagens;
5. momentos específicos.

No Capítulo 4 mostro como exemplo a organização de um curso com o uso de Estratégias Didáticas Criativas fundamentadas nas bases conceituais do Sistema Didático Integral, do Trabalho Pedagógico Criativo e da Aprendizagem Criativa, as quais podem lhe servir como ponto de partida para as suas próprias práticas.

Por fim, convido-o a ler o Epílogo, que pretende ser recomeço, "A aula precisa desejar o aluno", constituído de provocações deste arquiteto de sonhos que lhes escreve e com o qual você dialogará ao longo deste trabalho.

Fique à vontade para explorar o conjunto de propostas na sequência ou na seleção que desejar, o mais importante será apoiar-se em um planejamento coerente e sentir-se convicto e seguro para a condução, pronto para contornar as diversas situações que, ainda assim, inevitavelmente vão surgir e reconduzir a atividade em direção aos objetivos propostos. Se desejar compartilhar suas novas (ou renovadas) experiências, quero aprender com você e estou ao seu inteiro dispor! Insisto: velhos caminhos não abrem novas portas!

Professor doutor Simão de Miranda
simaodemiranda@gmail.com
www.facebook.com/simaodemiranda
www.simaodemiranda.com.br

Acesse meu *website* com seu *smartphone*

A CRIATIVIDADE na perspectiva da subjetividade e seus desdobramentos no campo da EDUCAÇÃO

Onde está a criatividade na escola? Onde está a criatividade no trabalho pedagógico? Onde está a criatividade na aprendizagem? São perguntas primordiais que fazemos recorrentemente, são indagações que nos silenciam, tanto por não termos respostas imediatas e positivas para elas, quanto por sermos cônscios daquilo que desperdiçamos em termos de situações criativas em sala de aula, ignorando-as ou reprimindo-as. Logo a escola que, como espaço social, tem a responsabilidade de formar para um mundo mais criativo. E, talvez por isso, receba a pecha de inibidora da criatividade. Mas, não nos esqueçamos, a instituição chamada escola, com sua identidade social, é feita por pessoas com suas idiossincrasias, suas identidades pessoais.

Sempre recorro a uma historinha antiga para ilustrar o quanto deixamos escapar circunstâncias criativas nas salas de aula. Certa professora de uma turma de crianças bem pequenas distribuiu papéis e lápis de cores a elas e pediu que fizessem um desenho livre. As crianças, circunspectas, começaram a trabalhar. A professora caminhava entre as carteiras acompanhando a produção. Notou que havia uma menininha cuja concentração se destacava dos demais, se aproximou dela, observou por alguns instantes e perguntou: "O que você está desenhando, querida?". A aluninha ergueu a cabeça e, sem demora, lhe respondeu: "Estou desenhando a face de Deus!". A isso a professora questionou: "Ora, mas como você pode desenhar a face de Deus, se ninguém sabe como Ele é?". A mocinha novamente respondeu de pronto: "Saberão, quando eu terminar!". A professora, impactada com a resposta inusitada, continuou sua *ronda* pela sala, pondo fim a uma situação criativa que apenas estava começando.

Outro exemplo em sala de aula dos mais crescidos, provavelmente do ensino fundamental II ou médio, pode ser esta prova:

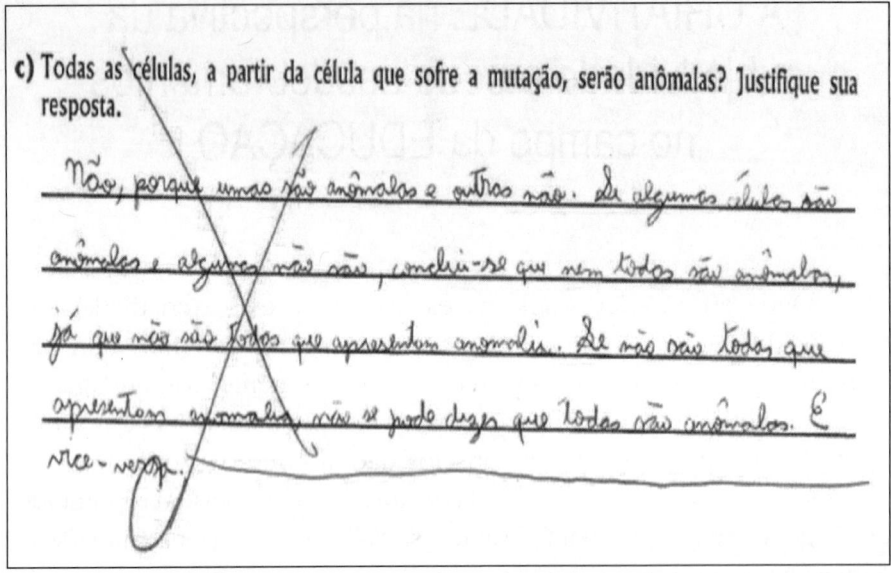

Imagem que circula pela *web*.

Naturalmente que o aluno não conhecia suficientemente o assunto para responder à questão. Entretanto, em vez de deixar a pergunta em branco, assumiu o risco de *brincar* com a situação explorando sua indiscutível habilidade linguística e traços de criatividade e humor, tão necessários aos dias sisudos que as escolas patrocinam. Notem que o professor inicialmente anulara sua resposta e, permitindo-se pensar mais um pouco, atribuiu um "meio certo". Infelizmente, sabemos, é enorme o quantitativo de professores que não são flexíveis aos rompantes criativos dos nossos alunos em sala de aula. Muito provavelmente esta circunstância apresentada seria considerada uma afronta à autoridade docente e naturalmente digna de repreenda. Claro que essa situação é merecedora de uma boa conversa entre professor e aluno quanto às responsabilidades e os compromissos com os estudos deste. Mas também sobre o reconhecimento do seu senso de humor e dos toques de criatividade!

Então, se perguntarmos onde está a criatividade na escola, é preciso, antes, sabermos o que é criatividade. Este fenômeno tem sido definido de inúmeras formas ao longo da história. Várias abordagens abrigam diferentes conceitos para esse construto, como as filosóficas, as biológicas, as psicológicas, as psicoeducacionais, as psicofisiológicas, as sociológicas, as psicodélicas e a instrumental (Wechsler 1998). Entretanto, na perspectiva da subjetividade no contexto histórico-cultural, entendemos a criatividade como processo subjetivo humano "na sua simultânea condição de subjetividade individual e subjetividade social que se expressa na produção de 'algo' que é considerado ao mesmo tempo 'novo' e 'valioso' em um determinado campo da ação humana", conforme aponta Mitjáns Martínez (2008a, p. 70). Tal preceito ampara-se na Teoria da Subjetividade na Perspectiva Histórico-Cultural, de González Rey (2003), a qual é compreendida por sua "dimensão complexa, sistêmica, dialógica e dialética, definida como espaço ontológico" (*ibidem*, p. 75). Portanto, a subjetividade é um sistema multidimensional complexo influenciado pela essência histórico-social de onde o sujeito faz parte como elemento ativo em tal constituição. A subjetividade orienta o posicionamento humano no mundo, nas articulações entre o individual e o social e nas relações entre processos simbólicos[1] e emocionais que constituem os sujeitos e os espaços sociais, dentre estes a escola.

Nessa perspectiva, a subjetividade individual assume-se como experiência do sujeito histórico, a qual não pode ser desconsiderada quando estudamos a criatividade nos contextos dos processos de ensinar e aprender. A subjetividade individual "indica processos e formas de organização da subjetividade que ocorrem nas histórias diferenciadas dos sujeitos individuais" (González Rey 2011, p. 141). Entretanto, há também a subjetividade social, que, como pontuado por González Rey (2005, p. 56), "está constituída por crenças, mitos, representações, discursos, tradições, ritos, padrões de relações que se articulam no funcionamento social, nas práticas sociais e em suas diversas formas de institucionalização". Essas duas dimensões da subjetividade são indissociáveis, constituindo-se mutuamente. A subjetividade social do espaço escolar nas suas relações com a subjetividade individual do professor pode inibi-lo ou motivá-lo à criatividade no seu trabalho pedagógico. Daí a necessidade de o

---

1. Representações que fazemos do mundo para compreendê-lo. Os processos simbólicos implicam os emocionais, mas não necessariamente o contrário.

professor assumir-se como sujeito[2] ativo, crítico, intencional, assertivo, comprometido para a afirmação das suas condições. Concordamos com Oliveira (2014, p. 71) ao explicar que

> a categoria "sujeito" na teoria da subjetividade representa um momento em que a pessoa se coloca de maneira ativa diante das tensões vividas. O sujeito pode ser capaz de subverter formas dominantes da situação social (...). Diferentemente do conceito de pessoa ou indivíduo, a condição de sujeito é entendida como momento de expressão da pessoa. Sujeito não é algo que se porta ou uma característica pessoal, pois os indivíduos podem se expressar como sujeitos em determinados contextos e em outros não.

Sabendo como é concebida a *criatividade* neste livro, vamos partir à compreensão de *criatividade no trabalho pedagógico*, uma vez que este é um dos seus desdobramentos no campo da educação. Criatividade no trabalho pedagógico é denominada por Mitjáns Martínez (2008a, p. 71) como "as formas de realização deste que representam algum tipo de novidade e que resultam valiosas de alguma forma para a aprendizagem e o desenvolvimento dos alunos". Já aqui, consideramos que a criatividade possa *produzir algo*, que, no nosso caso, é o conhecimento. Refere-se também que este algo seja *novo* e *valioso*, colocado em destaque para alertar da relatividade dos termos: *algo novo* não precisa ser rigorosamente algo inédito, pode ter sido adaptado ou reconstruído; *valor* é um termo polissêmico, mas, para além de sua conotação estatística ou monetária, queremos nos referir a algo relevante, precioso e legítimo.

A propósito, Arruda (2014, p. 75) nos lembra que "a expressão criativa no curso das diferentes práticas educativas não significa apenas fazer 'diferente' ou inserir novidades. É preciso que essas novidades favoreçam a aprendizagem e ofereçam maiores oportunidades para a formação dos estudantes". De qualquer modo, a criatividade é um processo de múltiplas dimensões e influenciado por múltiplos fatores, sobretudo de cunho histórico-cultural e subjetivos. E o que é uma aula criativa?

---

2. Na Teoria da Subjetividade na Perspectiva Histórico-Cultural, sujeito é o "indivíduo singular, capaz de atuar sobre os próprios contextos e processos que o determinam e de ser constituinte desses mesmos processos" (González Rey 2004, p. 11).

"É deixar os alunos livres!"
"É construir a partir da reciclagem!"
"É se virar!"
"É pegar uma garrafa e fazer o melhor brinquedo para seu aluno!"
"Um dia na sala, a gente não tinha bola, não tinha corda, aí eu falei assim: tem uma caixa de giz na minha sala, a gente pegou e eles começaram a brincar!"
"É fazer uma aula divertida!"

Estas foram algumas das respostas de professoras participantes do estudo de pós-doutorado que originou este livro. Somem-se a elas as diversas representações de aula criativa que encontramos em ferramentas de busca da internet, principalmente às relacionadas a trabalhos manuais, como a da professora na decoração da sala de aula e na confecção de material didático para os alunos, assim como da equipe pedagógica na organização visual da escola ao anteceder datas festivas.

Para minha alegria, também registrei respostas das professoras participantes da pesquisa que se aproximam do conceito de aula criativa que adoto:

"É inventar, experimentar, correr riscos!"
"É aquela que desperta a vontade de aprender!"
"É uma aula cheia de surpresas!"
"É aquela que desperta curiosidade!"
"É aquela que inova, envolve, traz o diferente!"
"Proporciona aprendizagem!"

Claro que essa última sequência de respostas diz respeito a uma aula criativa, mas não a define o suficiente para que as ações educativas tenham realmente um caráter criador, não fragmentado, de maior alcance, de envolvimento mais geral por todos os sujeitos que compõem o espaço escolar. Sustento-me no entendimento de Mitjáns Martínez (2008b, pp. 116-117), ao nos ensinar que

> a criatividade deve caracterizar as principais ações, as interrelações e a subjetividade social dominante neste espaço social, ou seja, que a

criatividade esteja presente de forma significativa nos processos sócio-relacionais e especialmente nos processos educativos que nesse espaço acontecem.

Dessa maneira, as estratégias didáticas criativas que proponho neste livro devem integrar-se a um plano de ação mais amplo e coletivo, em que elas vão ser apenas uma das dimensões fundantes de uma educação criativa. Essas propostas não são, absolutamente, recomendadas como atividades pontuais, isoladas e eventuais, e sim necessariamente situadas em uma organização sistemática, recorrente e coerente. Como nos alerta Mitjáns Martínez (*ibidem*, pp. 124-125),

> apesar de sua motivação e de sua ação criativa em algumas direções, o professor pode "neutralizar" os efeitos de sua própria ação na estimulação de uma aprendizagem criativa dos alunos, por não conseguir realizar mudanças coerentes em outros dos elementos que integram seu trabalho. Assim encontramos professores engajados na transformação dos seus métodos de ensino, mas que orientam o estudo da bibliografia de uma forma tacitamente reprodutiva e utilizam um sistema de avaliação essencialmente tradicional.

Assim, essas estratégias didáticas que apresento reclamam por essas observações atentas. Além disso, sustentam-se no Sistema Didático Integral para Contribuir ao Desenvolvimento da Criatividade (Mitjáns Martínez 1997), no Trabalho Pedagógico Criativo e na Aprendizagem Criativa, perspectivas desenvolvidas por Mitjáns Martínez (2008a e 2008b). Para uma compreensão mais clara da nossa proposta, as explicitarei no próximo capítulo.

BASES conceituais das atividades PROPOSTAS

Sistema Didático Integral

O Sistema Didático Integral é constituído por possibilidades concretas de se introduzir novidades na organização do trabalho pedagógico e, por conseguinte, nos processos de aprendizagens dos alunos, potencializando a criatividade nesses dois espaços, ação que poderá possibilitar apropriações significativas do que é ensinado. Dada a força motivadora da novidade e do protagonismo do aluno nos processos de ensinar e de aprender aqui defendida, tal proposta constituiu-se em um importante recurso metodológico. O trabalho pedagógico criativo e a aprendizagem criativa podem estabelecer o clima criativo ideal para que os processos de ensinar e de aprender transcorram como desejado. Essa referida atmosfera pode ser constituída por um sistema de comunicação criativa, no qual nossa proposta se insere, conforme indica Mitjáns Martínez (1997, pp. 181-183). Algumas possibilidades:

> Centrar o processo docente no aluno, em suas necessidades e possibilidades, tendo o professor como guia e facilitador; respeitar a individualidade. Escutar os alunos, considerando suas perguntas, ideias e sugestões; individualizar o processo de ensino-aprendizagem. Implementar um trabalho particularizado de acordo com as características e ritmo de desenvolvimento de cada aluno; fazer perguntas provocativas e sugestivas, evitando dar respostas imediatas àquelas feitas pelos alunos.

Eis estratégias vinculadas a esse sistema, fundamentadas em Mitjáns Martínez (2008a):

- Favorecer para que a seleção e organização dos conteúdos e das habilidades e as competências a serem desenvolvidas sejam verdadeiramente significativas.
- Favorecer para que a bibliografia e o material didático sejam igualmente significativos e que contenham orientações para sua leitura, facilitadoras de uma aprendizagem compreensiva eficiente.
- Favorecer para que o planejamento e a prática das estratégias e dos métodos de ensino sejam flexíveis, criativos e dialogados.
- Favorecer para que as avaliações e autoavaliações sejam significativas e verdadeiramente reorientadoras dos processos de ensino e de aprendizagem.
- Favorecer o clima de acolhimento afetivo e leveza nas interações professor/alunos.

Ampliando nosso conhecimento sobre esse sistema, Mitjáns Martínez (2012b, p. 115) esclarece que ao elaborá-lo salientava

> o necessário caráter sistêmico das ações pedagógicas a serem realizadas junto a seu caráter permanente, não esporádico e simultaneamente à fundamentação da sua necessidade [de] mostrar-nos a possibilidade real de introduzir mudanças em todos os aspectos principais da atividade do professor tentando contribuir com uma forma de aprendizagem diferente.

Trabalho Pedagógico Criativo

Trabalho Pedagógico Criativo é entendido como "formas de realização deste que representam algum tipo de novidade e que resultam valiosas de alguma forma para a aprendizagem e desenvolvimento dos alunos" (Mitjáns Martínez 2008a, p. 71), ou seja, ações pedagógicas não usuais, originais, com ares de novidade, metodologicamente planejadas, que permitam e garantam suas avaliações de impacto nos níveis de aprendizagem e de desenvolvimento dos alunos. Na crítica da autora (*ibidem*, p. 71), a *criatividade* é utilizada comumente nas salas de aulas "como objetivos em si mesmos, já que não são acompanhados de um interesse real para analisar sua eficiência e integrá-los com outros elementos do trabalho pedagógico, para produzir as melhorias necessárias na aprendizagem e no desenvolvimento". Em complemento à crítica da autora, e bem oportuno, Arruda (2014, pp. 79-80) acrescenta que

> não basta apenas inserir novidades para que elas tenham valor no processo de aprendizagem; torna-se essencial que tenham relação com os objetivos de aprendizagem propostos para os estudantes em questão. Sendo assim, não se trata, apenas, de caracterizar a prática educativa como nova no contexto em que ela se realiza, para que tenha valor, é preciso que haja relação com o que se deseja que os alunos aprendam. Isso envolve tanto os objetivos de aprendizagem específicos para cada um deles, como os objetivos mais amplos do processo de ensino.

Algumas táticas para a realização de um Trabalho Pedagógico Criativo, fundamentadas em Mitjáns Martínez (2008a, p. 85), podem ser assim relacionadas:

- Realizar perguntas interessantes e originais nas "orientações para as leituras, assim como na ação pedagógica" de quem ensina.
- Contemplar as leituras e ações pedagógicas de quem ensina com "questionamento e problematização da informação".
- Favorecer os alunos a "percepção de contradições e lacunas no conhecimento".
- Elaborar "proposições personalizadas" aos alunos. É imprescindível levar em conta a pluralidade de estilos de aprendizagens presentes nas singularidades dos sujeitos em uma sala de aula.
- Realizar um "trabalho pedagógico verdadeiramente flexível".
- Incentivar os alunos à "solução inovadora de problemas".
- Incentivar os alunos à "independência, à audácia e à sua autovalorização".
- Questioná-los permanentemente e de forma criativa, em esforços "de personalização de tais questionamentos".

- Incentivar a "produção de sentidos subjetivos favorecedores de geração de novidade que recursivamente alimentam essa forma de aprendizagem".

Aprendizagem Criativa

Aprendizagem Criativa define-se aqui como forma de aprender caracterizada por estratégias e processos específicos, em que a novidade e a pertinência são indicadores essenciais e que "implica estratégias que se caracterizam pela transformação personalizada dos conteúdos a serem apreendidos, processo no qual emergem sentidos subjetivos que de forma recursiva alimentam o processo de aprender criativamente" (Mitjáns Martínez 2008a, p. 89). A expressão Aprendizagem Criativa aponta, portanto, para uma aprendizagem criadora, fecunda e inventiva. Oportunamente, Egler (2013, pp. 60-61) nos lembra que

> a aprendizagem criativa evidencia-se através de seus aspectos característicos e dos processos subjetivos envolvidos, como uma aprendizagem diferenciada dos outros tipos de aprendizagem. Consideramos que apesar do contexto escolar, na forma em que se organiza e concebe os processos de ensino-aprendizagem, não vir favorecendo sua ocorrência, esta se revela como possibilidade do sujeito que aprende exatamente pelo fato de que os sentidos subjetivos produzidos na aprendizagem não são resultados pontuais de forças externas.

Assim, apresento recomendações para uma Aprendizagem Criativa fundamentadas em Amaral e Mitjáns Martínez (2009, p. 164):

- Criar meios para que o aluno transforme os conteúdos de forma personalizada. Na perspectiva de Amaral e Mitjáns Martínez (*ibidem*), "por meio da personalização o aluno transforma os conteúdos em algo novo, na medida em que se apropria deles e recria-os em sua história singular".
- Criar meios para que o aluno seja capaz de ir além do que lhe é *dado*, produzindo *novas* ideias sobre o aprendido. Os significados e sentidos são construídos pelo sujeito em situação de aprendizagem e *não resultam da intencionalidade de quem ensina*.

- Criar meios para que o aluno compreenda-se como sujeito ativo da aprendizagem, o que leva ao favorecimento do "exercício da condição de sujeito no processo de aprender, no sentido do seu caráter gerador, de ruptura e de subversão/transcendência em relação ao 'dado'".
- Criar meios para que o aluno perceba-se sujeito "capaz de posicionar-se e de se confrontar a partir de seus projetos, pontos de vista e reflexões pessoais".
- Criar meios para que o aluno estabeleça compromisso reflexivo, como sujeito que aprende, "sendo ele responsável pelas ideias e construções desenvolvidas nesse processo". A construção do conhecimento passa por uma apropriação pessoal do que se aprende e pela recriação crítica e reflexiva do material docente, pelo aluno.

Tal perspectiva poderá favorecer o trabalho pedagógico como produção de conhecimento, sustentado teórico e metodologicamente, dinamizando-o, motivando alunos e professoras e, sobretudo, contribuindo para a formação de novos significados, beneficiando e ampliando, assim, sua repercussão desejada no campo das aprendizagens.

Tudo isso exposto, ofereço no próximo capítulo um vasto e diversificado cardápio de metodologias criativas que, certamente, vão lhe fornecer mais e melhores instrumentos para a construção de aulas que produzam aprendizagens mais efetivas.

Propostas de ESTRATÉGIAS didáticas criativas à luz do Sistema DIDÁTICO Integral, do Trabalho Pedagógico Criativo e da APRENDIZAGEM Criativa

Apresento, portanto, um elenco de estratégias didáticas criativas facilitadoras de aprendizagens significativas, criativas e produtivas apoiadas nas concepções de Sistema Didático Integral, Trabalho Pedagógico Criativo e Aprendizagem Criativa, já referenciadas e divididas em cinco blocos:

- estratégias para que a turma se conheça;
- estratégias para a exploração de conteúdos;
- estratégias para avaliação da aula, da disciplina ou do curso e autoavaliações discente e docente;
- estratégias para avaliação da/para a aprendizagem;
- estratégias para momentos específicos.

Essas táticas propostas abarcam todos os níveis de ensino, seja básico ou superior, desde que com suas devidas e necessárias adequações (para o nível básico você encontrará possibilidades voltadas às etapas do ensino fundamental e médio; para o ensino superior, você dispõe de sugestões que se aplicam à graduação e à pós-graduação). Possibilitam igualmente o trabalho com todas as modalidades de ensino, desde que sejam presenciais (educação de jovens e adultos, educação profissional, educação especial, educação ambiental, educação indígena); há também uma rica teia de possibilidades para seu uso na formação continuada de professores.

Estratégias criativas para que a turma se conheça

A educação é um ato coletivo, é uma atividade social. Portanto, para além de educarmos um indivíduo, educamos uma sociedade. Sabemos que a ação de educar deve considerar as singularidades dos educandos, entretanto, a socialização e as relações afetivas no (e com) o grupo com o qual se vai trabalhar é condição primária para o trabalho pedagógico que vise aprendizagens efetivas. A propósito, Arruda (2014, p. 72) preconiza que "a criatividade no trabalho pedagógico do professor envolve a formação de relações e vínculos afetivos entre professores e estudantes, as quais, por sua constituição subjetiva, podem favorecer ou não essa criatividade".

Assim, este primeiro conjunto de estratégias contemplam o acolhimento afetivo e a leveza, o clima criativo e o incentivo à solução inovadora de problemas, propostos pela concepção de Sistema Didático Integral; o incentivo à independência, à audácia e à autovalorização do aluno; o questionamento, a reflexão e a elaboração personalizada, recomendados pela compreensão de Trabalho Pedagógico Criativo.

■ Aquecimento socioafetivo

- O que é preciso: músicas e textos.
- Como fazer: É importante que esta atividade seja realizada sempre no início das aulas para favorecer a construção de um clima de acolhimento, facilitador do desenvolvimento delas. Coloque uma música ambiente aconchegante antes de os alunos entrarem e os receba gentilmente à medida que entrem. Quando estiverem nos seus lugares, ainda com a canção ao fundo, faça a leitura de um bom texto ou poema curto, que seja provocador, instigante, edificante, movimentando-se entre as carteiras, dando um toque cênico especial à representação. Promova e solicite rápidos comentários sobre o texto. Esta atividade funciona como aquecimento. Aplica-se tanto à socialização de uma turma que acabou de se formar, quanto à construção e manutenção do clima afetivo da turma em toda abertura de aula, apenas revezando a música e a leitura.

- ■ Sondando motivações

  - O que é preciso: lápis e papel.
  - Como fazer: Esta estratégia, formulada por Herrán (2011) e adaptada por mim, propõe que você, no primeiro ou no máximo segundo dia, faça os seguintes questionamentos aos alunos: o que você espera aprender neste curso?, para que você acredita que lhe servirá este curso? etc. Peça para que os alunos se organizem em grupos e partilhem as respostas, promovendo discussões dentro de um limite de tempo estipulado por você. Ao final do tempo, um representante de cada grupo irá ao quadro e registrará as respostas resultantes após as discussões. Depois, promova discussões com a turma acerca das respostas e a respeito de como foi a negociação de significados no âmbito dos grupos. Nesta estratégia, de característica de avaliação formativa inicial, você vai ter um rico painel de representações que vai favorecer seu trabalho pedagógico. Em tempos de telefones que fotografam, sugiro que faça uma imagem do quadro para você analisar posteriormente de forma detalhada.

- ■ A lâmpada mágica

  - O que é preciso: uma *lâmpada de Aladim* (se possível), papéis, lápis e envelopes.
  - Como fazer: Se você conseguir uma *lâmpada mágica*, estilo Aladim em antiquários, lojas de quinquilharias ou na internet, esta atividade fará ainda mais sucesso! Faça-a circular entre os alunos e depois a coloque sobre sua mesa. Conte que cada um deles encontrou uma lâmpada mágica e ao esfregá-la surgiu um típico gênio e lhe concedeu o direito a três desejos. Cada aluno, portanto, deverá pensar com cuidado no que vai desejar a fim de fazer escolhas conscientes e não as desperdiçar. Em seguida, peça para que cada um diga seu nome, quais foram seus pedidos e o que vão fazer, de sua parte, para alcançá-los. Sugira que dirijam esses desejos ao percurso letivo que estão iniciando naquele momento. Em seguida, distribua papéis e peça para que escrevam os desejos e assinem as folhas. Entregue envelopes, dentro dos quais eles vão colocar as folhas dobradas, fechar e escrever seus nomes por fora. Feito isso, diga-lhes que este material só será devolvido ao final da disciplina/curso, preferencialmente, como parte das estratégias de

avaliação final. Como visto, essa estratégia tem finalidade dupla, pois será utilizada novamente no grupo de estratégias voltadas à avaliação.

■ **Fitas da mesma cor**

- O que é preciso: pedaços de fita de cetim em cores sortidas.
- Como fazer: Providencie pedaços de fitas de cetim de cores sortidas com cerca de 15 cm de comprimento em quantidade igual ao número de alunos da turma e as distribua entre eles. Cuide para que cada pedaço tenha outros pedaços da mesma cor. Afaste as carteiras ou leve a turma para um ambiente no qual possam se movimentar. Feito isso, coloque uma música animada e peça-lhes que se desloquem pelo espaço entremeando-se uns aos outros e trocando as fitas entre si. A cada vez que você parar a música as pessoas com fitas da mesma cor devem se agrupar. A cada agrupamento, cumprirão comandos que você dará, como, por exemplo: "Conversem sobre seus *hobbies*!", "Falem sobre seus planos a médio e a longo prazo!", "Compartilhem sobre seus pratos prediletos!", "Diga sobre suas leituras favoritas!". Você vai deixar a música em pausa pelo tempo que julgar suficiente para que cumpram com o solicitado para depois tornar a soltá-la.

■ **A mais bela constelação**

- O que é preciso: estrelas de papel em cores sortidas.
- Como fazer: Esta estratégia é quase uma variável da anterior, mas nem por isso menos interessante. Providencie estrelas de papel de diversas cores na quantidade igual ou superior ao quantitativo de alunos da turma. Apenas cuide para que haja cores correspondentes. Você pode fazê-las no seu editor de textos e recortá-las! Distribua-as pelo centro da sala, coloque uma música, peça aos alunos para se movimentaram entre elas. Dê um tempinho para este momento e depois lhes peça para apanharem uma e pararem. Solicite-lhes agora para se agruparem aos colegas que têm estrelas da mesma cor e para escreverem algo na sua estrela, como, por exemplo, uma meta que deseja atingir até o final do curso. Cada um deve colocar seu nome na sua estrela e compartilhar com o grupo, comentando a respeito do que escreveu. Agora, solicite que os subgrupos se desfaçam e que, com fita adesiva,

afixem suas estrelas na parede e voltem aos seus lugares. Feito isso, peça para que se dirijam novamente ao painel de estrelas e apanhem uma, exceto a sua, retornando novamente ao seu lugar. Cada um deve ler em voz alta o conteúdo e o nome do colega que está na estrela e guardar a estrela para ser devolvida ao dono na última aula, em uma atividade de congraçamento.

■ Carta-compromisso

- O que é preciso: cópias da carta-compromisso, envelopes e cola.
- Como fazer: Adapte a carta-compromisso apresentada adiante às suas necessidades, reproduza-a e distribua. Solicite aos alunos que a complementem nos campos solicitados onde vão estabelecer compromissos que desejam efetivar até o final da disciplina, do período letivo ou do curso. Informe que as cartas não serão compartilhadas. Entregue envelopes e cola para serem lacradas e entregues a você. Lembre-lhes de colocarem seus nomes na parte externa dos envelopes. Informe que as cartas serão devolvidas apenas no último dia de aula e vão servir para estipular suas metas futuras e explicitar suas dificuldades presentes, reavaliando-as após o tempo determinado.

CARTA-COMPROMISSO

QUANDO ESTA/ESTE DISCIPLINA/PERÍODO LETIVO/CURSO TERMINAR...

[Coloque seu nome], responda com sinceridade às questões que se seguem. Esta carta não será compartilhada e será devolvida a você no final da/do disciplina/período letivo/curso para sua autoavaliação. Caso o espaço seja pequeno, prossiga no verso.

1. Tenho as seguintes facilidades no que se refere aos processos de aprendizagens:
2. Tenho as seguintes dificuldades no que se refere aos processos de aprendizagens:
3. Para reforçar minhas facilidades, quando esta/este disciplina/período letivo/curso terminar terei conseguido...
4. Para superar minhas dificuldades, quando esta/este disciplina/período letivo/curso terminar terei conseguido...
5. Minha principal expectativa em relação a esta/este disciplina/período letivo/curso é...
6. Firmo os seguintes compromissos com esta/este disciplina/período letivo/curso:

Estratégias criativas para a exploração de conteúdos

A busca por uma aprendizagem efetiva naturalmente funda-se na exploração também efetiva dos conteúdos. Mais do que compreendê-los, exige-se dissecá-los, mergulhar fundo, sorvê-los, entrar neles, fazê-los parte de si, transpirá-los; mais do que apreendê-los, é preciso significá-los; muito mais do que reproduzi-los, é fundamental produzi-los! Esta é a proposta deste bloco: explorar os conteúdos de modo intenso e da maneira mais ampla, diversa e criativa possível.

Este segundo grupo de propostas inclui nas descrições das atividades o termo "Promoção" para indicar quais aspectos das concepções de Sistema Didático Integral, de Trabalho Pedagógico Criativo e de Aprendizagem Criativa são contemplados. É importante destacar também que estão reunidas neste bloco atividades lúdicas de caráter didático e também atividades, não tão evidentemente lúdicas, mas criativas e de cunho didático. De qualquer modo, todas elas apresentam possibilidades efetivas de se trabalhar nas perspectivas conceituais nas quais este livro se ampara e que foram indicadas neste parágrafo.

■ Cartões em grupos

- Promoção:
    I. Sistema Didático Integral: caráter produtivo do conhecimento; valorização do esforço; centralidade do processo docente no aluno; escutar os alunos, considerando suas perguntas, ideias e sugestões; perguntas provocativas e sugestivas, não fornecendo respostas imediatas aos alunos.
    II. Aprendizagem Criativa: foco no aluno como sujeito ativo da aprendizagem; incentivo ao posicionamento e confronto com base em seu ponto de vista e em suas reflexões pessoais; compromisso reflexivo do aluno como sujeito que aprende.
    III. Trabalho Pedagógico Criativo: questionamento e problematização da informação; condução dos alunos à percepção de contradições e lacunas no conhecimento.

- O que é preciso: cartazes.
- Como fazer: Após ter definido o texto para estudo, estabeleça dois grupos de questões problematizadoras para explorá-las por meio desta estratégia didática:

    a) Relacionadas especificamente ao conteúdo do texto;

    b) Relacionadas às formas por meio das quais o aluno se relaciona com o texto. (Este grupo de questões pode se aplicar a qualquer texto, portanto podem se repetir, pois ensejam reflexões diferentes.)

Darei aqui um exemplo, baseado em um texto que utilizei em uma aula:

— Texto: González Rey, Fernando Luís (2008). "O sujeito que aprende: Desafios do desenvolvimento do tema da aprendizagem na psicologia e na prática pedagógica". *In*: Tacca, Maria Carmen (org.). *Aprendizagem e trabalho pedagógico*. Campinas: Alínea.

— Questões problematizadoras:

   a) 1. Como você entende a crítica do autor ao "conhecimento como algo despersonalizado"?; 2. Qual deve ser o posicionamento do aluno como sujeito que aprende?; 3. De que maneira se pode repensar as práticas pedagógicas nas escolas na perspectiva do sujeito que aprende?

   b) 1. Você se reconhece no texto? De que forma?; 2. Quais palavras, frases ou ideias têm importância crucial para a perfeita compreensão desse texto? Quais conceitos e/ou argumentações você percebe mais importantes?; 3. Quais possíveis contradições e/ou lacunas você percebeu nos textos?; 4. Como esses conhecimentos podem se relacionar à sua prática/à sua vida, modificando-a?

Elabore as questões problematizadoras e as imprima em papel-cartão no formato A4. Cada cartão deve conter uma questão. Com os textos previamente estudados, divida a turma em grupos e entregue um cartão para cada um deles. Estabeleça um tempo razoável para discutirem as questões, depois reúna os grupos em um grande círculo e proponha que socializem as discussões com o grande grupo. Solicite que um grupo se voluntarie (se isso não acontecer, sugira) para escolher alguém para ler o cartão, exibi-lo para os demais e partilhar a discussão que tiveram, indicar se houve consenso nas compreensões ou, caso contrário, quais foram as divergências; podem também apontar eventuais incompreensões acerca do estudo. Os membros do grupo devem ajudá-lo, complementando suas falas. Você estará o tempo todo mediando as discussões. Após a exposição do primeiro grupo, abra espaço para que os demais grupos façam perguntas, ponderações ou elogios àquele que apresentou. Mobilize-o para que tente dar *retorno* às interpelações dos outros grupos e esteja sempre atento à sua mediação. Esgotada essa fase, outro grupo deve assumir sua vez e dar prosseguimento à atividade.

■ Painel de grupos

- Promoção:
    I. Sistema Didático Integral: caráter produtivo do conhecimento; valorização do esforço; centralidade do processo docente no aluno; escutar os alunos, considerando suas perguntas, ideias e sugestões; individualização do processo de ensino-aprendizagem.
    II. Trabalho Pedagógico Criativo: ações pedagógicas originais; questionamento e problematização da informação; condução dos alunos à percepção de contradições e lacunas no conhecimento; incentivo à independência e à autovalorização.
    III. Aprendizagem Criativa: transformação personalizada dos conteúdos; compreensão do aluno como sujeito ativo da aprendizagem; incentivo ao posicionamento e confronto com base em seu ponto de vista e em suas reflexões pessoais como sujeito capaz de posicionar-se; compromisso reflexivo do aluno como sujeito que aprende.

- O que é preciso: nada.
- Como fazer: Divida a turma em três grupos, com as seguintes nomenclaturas:
    1. Grupo Apresentador.
    2. Grupo Opositor.
    3. Assembleia.

    Após a turma ter estudado o texto, o Grupo Apresentador se encarregará de expor (sem interrupções) o seu conteúdo pelo tempo limite que você vai estabelecer; o Grupo Opositor deverá anotar aspectos com

os quais não concorda e com os quais concorda, incluindo também eventuais contradições e/ou lacunas no conhecimento adquirido por meio do texto e como esse conhecimento pode se relacionar à sua prática e à sua vida, modificando-as.

Após o Grupo Apresentador terminar, este expõe suas anotações para o Grupo Opositor; a Assembleia, que tudo ouviu e anotou, apresenta seu depoimento em um exercício de reflexão crítica. Conclua fazendo seus comentários.

■ Expressando-se em um minuto

- Promoção:
    I. Sistema Didático Integral: caráter produtivo do conhecimento; valorização do esforço; centralidade do processo docente no aluno; escutar os alunos, considerando suas perguntas, ideias e sugestões.
    II. Trabalho Pedagógico Criativo: ações pedagógicas originais; condução dos alunos à percepção de contradições e lacunas no conhecimento; incentivo à independência, à audácia e à autovalorização.
    III. Aprendizagem Criativa: transformação personalizada dos conteúdos; compreensão do aluno como sujeito ativo da aprendizagem; incentivo ao posicionamento e confronto com base em seus pontos de vista e reflexões pessoais como sujeito capaz de posicionar-se; compromisso reflexivo do aluno como sujeito que aprende.

- O que é preciso: nada.
- Como fazer: Com base em um determinado conteúdo, selecione e apresente uma questão de maneira clara à turma, a qual pode ser na forma de pergunta ou afirmação. Certifique-se de que todos entenderam a questão apresentada. Explique-lhes que cada um apresentará um aspecto novo sobre a questão posta, ou seja, não vale repetir o que já foi falado. Pode ser uma pergunta ou afirmação derivada daquela, um comentário, uma análise sintética sob outro ângulo, uma contraposição com base em ideias de outros autores, a percepção de contradições e lacunas no conhecimento, como aqueles conhecimentos podem se relacionar às suas práticas e à sua vida, modificando-as etc. Cada um terá um minuto, no máximo, para se expressar livremente. Após apresentar

a pergunta, o colega ao seu lado continuará a atividade. Ninguém deve interromper ou responder a uma crítica enquanto não chegar a sua vez. A discussão continua até que você perceba que já foi suficientemente explorada. Pode-se usar a variável de solicitar voluntários para expressar aleatoriamente suas questões, como alternativa ao formato sequencial.

■ Aprendendo com conversas paralelas

- Promoção:
    I. Sistema Didático Integral: caráter produtivo do conhecimento; relação criativa professor/alunos; valorização do esforço; clima criativo; centralidade do processo docente no aluno; respeito à individualidade; escutar os alunos, considerando suas perguntas, ideias e sugestões; individualização do processo de ensino-aprendizagem; trabalho particularizado de acordo com as características e ritmo de desenvolvimento de cada aluno; perguntas provocativas e sugestivas, não fornecendo respostas imediatas aos alunos; clima de acolhimento afetivo e leveza nas interações professor/alunos.
    II. Trabalho Pedagógico Criativo: ação pedagógica original; perguntas originais nas orientações para as leituras e ação pedagógica; questionamento e problematização da informação; condução dos alunos à percepção de contradições e lacunas no conhecimento; proposições personalizadas aos alunos; incentivo à independência, à audácia e à autovalorização.
    III. Aprendizagem Criativa: transformação personalizada dos conteúdos; compreensão do aluno como sujeito ativo da aprendizagem; incentivo ao posicionamento e confronto com base em seus pontos de vista e suas reflexões pessoais como sujeito capaz de posicionar-se; compromisso reflexivo do aluno como sujeito que aprende.

- O que é preciso: nada.
- Como fazer: Uma vez definido o texto ou o tema a ser estudado, e tendo os alunos realizado essa tarefa previamente, divida o grande grupo em duplas e explique que vão ter o tempo que você estabelecer para discutirem o assunto na forma de cochicho. Além disso, instigue-os a se reconhecerem no texto, a perceberem quais conceitos e/ou

argumentações são mais importantes, quais possíveis contradições e/ou lacunas encontram no texto, como estes conhecimentos podem se relacionar à sua prática e à sua vida, modificando-as. Se houver tempo, você pode solicitar que tais questões sejam respondidas por cada aluno, de modo que ele revele sua *pessoalidade* ante a questão posta.

Esgotado esse tempo, um dos membros de cada dupla partilhará a discussão com o grande grupo, na ordem que for convencionada, de maneira objetiva e concisa.

■ Três leituras

- Promoção:
    I. Sistema Didático Integral: caráter produtivo do conhecimento; relação criativa professor/alunos; valorização do esforço; centralidade do processo docente no aluno; escutar os alunos, considerando suas perguntas, ideias e sugestões; perguntas provocativas e sugestivas, não fornecendo respostas imediatas aos alunos.
    II. Trabalho Pedagógico Criativo: ação pedagógica original; perguntas originais nas orientações para as leituras e ação pedagógica; questionamento e problematização da informação; condução dos alunos à percepção de contradições e lacunas no conhecimento; proposições personalizadas aos alunos; incentivo à independência, à audácia e à autovalorização.
    III. Aprendizagem Criativa: transformação personalizada dos conteúdos; compreensão do aluno como sujeito ativo da aprendizagem; incentivo ao posicionamento e confronto com base em seus pontos de vista e em suas reflexões pessoais como sujeito capaz de posicionar-se; compromisso reflexivo do aluno como sujeito que aprende.

- O que é preciso: nada.
- Como fazer: Uma vez definido o texto para estudo, e após os alunos realizarem essa tarefa previamente, distribua-o novamente na aula, solicitando que seja lido silenciosamente naquele momento. Após essa primeira leitura, peça-lhes para realizarem uma segunda, desta vez marcando trechos incompreendidos, bem como aqueles compreendidos e considerados significativos. Depois desta segunda

leitura, esclareça e discuta com eles os tópicos não compreendidos. Incentive a exposição das dúvidas de cada aluno, assim como incite o grupo a tentar esclarecê-las, sempre mediados por você!

Terminados os esclarecimentos, peça para que façam uma terceira leitura. Nessa etapa cada aluno vai fazer um questionário a respeito do texto, indicando:

– dúvidas que ainda persistam relativas ao texto;
– dúvidas paralelas que a leitura tenha suscitado (aquelas não necessariamente relacionadas ao texto, mas correlatas);
– eventuais lacunas que entendem que o texto deixou;
– se se reconhecem no texto;
– quais conceitos e/ou argumentações percebem mais importantes.

Se sobrar tempo, solicite que tais questões sejam respondidas individualmente, de modo que possam personalizar a discussão.

Peça, em seguida, para que os alunos se reúnam em grupos de três ou quatro e que discutam seus questionários, reduzindo-os a uma só relação. A seguir, cada grupo apresentará as questões que serão rediscutidas por todos.

Finalmente, faça uma apreciação do trabalho desenvolvido.

■ Ouvindo e refletindo

- Promoção:
  I. Sistema Didático Integral: caráter produtivo do conhecimento; relação criativa professor/alunos; valorização do esforço; clima criativo; centralidade do processo docente no aluno; respeito à individualidade; escutar os alunos, considerando suas perguntas, ideias e sugestões; perguntas provocativas e sugestivas, não fornecendo respostas imediatas aos alunos.
  II. Trabalho Pedagógico Criativo: ação pedagógica original; perguntas originais nas orientações para as leituras e ação pedagógica; questionamento e problematização da informação; condução dos alunos à percepção de contradições e lacunas no conhecimento; incentivo à independência, à audácia e à autovalorização.

III. Aprendizagem Criativa: transformação personalizada dos conteúdos; compreensão do aluno como sujeito ativo da aprendizagem; incentivo ao posicionamento e confronto com base em seus pontos de vista e em suas reflexões pessoais como sujeito capaz de posicionar-se; compromisso reflexivo do aluno como sujeito que aprende.

- O que é preciso: nada.
- Como fazer: Após a definição do texto para estudo e a leitura prévia feita pelos alunos, lance verbalmente para a turma uma pergunta sobre o tema da aula e incentive os alunos para que tentem respondê-las, opinando ou comentando livremente. Após um tempo razoável para essa etapa, divida a sala em pequenos grupos, distribua o texto e peça para que façam uma leitura silenciosa. Depois, abra para discussão coletiva a partir da qual cada grupo deverá produzir um relatório contendo:

  – conclusões sobre o tema;
  – trechos julgados mais importantes;
  – trechos não compreendidos;
  – se se reconhecem no texto e de que maneira;
  – palavras, frases ou ideias com importância crucial para a perfeita compreensão do texto;
  – conceitos e/ou argumentações que consideram mais importantes;
  – possíveis contradições e/ou lacunas presentes no texto;
  – como esses conhecimentos podem se relacionar à sua prática e à sua vida, modificando-as.

Se sobrar tempo, solicite que tais questões sejam respondidas individualmente, de modo que possam personalizar o conhecimento produzido.

Em seguida cada grupo deve:

– apresentar seus relatórios;
– anotar os pontos principais dos relatórios dos outros;
– comentar sobre o que ouviram.

Após este momento, aprecie a atividade e a conclua.

■ Aprendendo a perguntar

- Promoção:
    I. Sistema Didático Integral: caráter produtivo do conhecimento; valorização do esforço; clima criativo; centralidade do processo docente no aluno; respeito à individualidade; escutar os alunos, considerando suas perguntas, ideias e sugestões; individualização do processo de ensino-aprendizagem; clima de leveza nas interações professor/alunos.
    II. Trabalho Pedagógico Criativo: ação pedagógica original; questionamento e problematização da informação; incentivo à solução inovadora de problemas; incentivo à independência, à audácia e à autovalorização.
    III. Aprendizagem Criativa: compreensão do aluno como sujeito ativo da aprendizagem; incentivo ao posicionamento e confronto com base em seus pontos de vista e em suas reflexões pessoais como sujeito capaz de posicionar-se; compromisso reflexivo do aluno como sujeito que aprende.

- O que é preciso: texto para leitura.
- Como fazer: Após o estudo do texto em sala, distribua pedaços de papel aos alunos e peça para que elaborem uma pergunta acerca do texto e os dobrem. Recolha-os e os misture, colocando-os em um cesto ou uma caixa. Solicite que um aluno faça o sorteio de um papel e leia a pergunta em voz alta. O autor da pergunta será convidado a respondê-la e, então, você provoca uma rápida discussão. Ele poderá argumentar dizendo que se perguntou é porque não a sabe, mas você o incentivará para que explore a questão do seu jeito, que expresse o que, ao menos aproximadamente, ele compreende acerca da questão, que não deve temer errar, pois todos estão aprendendo juntos. Depois da resposta do aluno, assuma a mediação da atividade explanando sobre a questão posta, buscando ajustar a resposta do aluno à expectativa do texto estudado. Após isso, faça novo sorteio dando sequência à lógica da atividade até que se esgotem as perguntas. Uma variável para esta atividade é pedir para que aquele aluno que fez o sorteio escolha um colega para respondê-la.

■ Leitura atenta e comentada

- Promoção:

    I. Sistema Didático Integral: valorização do esforço; clima criativo; centralidade do processo docente no aluno; respeito à individualidade; escutar os alunos.

    II. Trabalho Pedagógico Criativo: ação pedagógica original, incentivo à audácia e à autovalorização.

- O que é preciso: nada.

- Como fazer: Antes de iniciar o debate do texto que fora previamente proposto e estando todos os alunos com ele em mãos, convide alguém para selecionar aleatoriamente um parágrafo e fazer a leitura até a sua metade, em voz alta. Ele não poderá indicar à turma a localização do trecho, pois é este o primeiro objetivo: que todos se localizem de modo autônomo. Ao parar, vai dizer o nome de um colega que imediatamente continuará a leitura até o final do parágrafo. Este, por sua vez, elegerá outro colega que, com suas palavras e argumentos, o comentará.

    Reinicie a atividade com outro aluno escolhendo novo parágrafo.

■ Pomodoro

- Promoção:

    I. Sistema Didático Integral: relação criativa professor/alunos; valorização do esforço; clima criativo; centralidade do processo docente no aluno; respeito à individualidade; trabalho particularizado de acordo com as características e ritmo de desenvolvimento de cada aluno; clima de acolhimento afetivo e leveza nas interações professor/alunos.

    II. Trabalho Pedagógico Criativo: ação pedagógica original; incentivo à independência, à audácia e à autovalorização.

    III. Aprendizagem Criativa: compreensão do aluno como sujeito ativo da aprendizagem; compromisso reflexivo do aluno como sujeito que aprende.

- O que é preciso: *timer* (conhecido também por temporizador) ou cronômetro convencional.
- Como fazer: A Técnica Pomodoro, "tomate" em italiano, foi desenvolvida por Francesco Cirillo[1] e consiste originalmente em dividir o tempo de estudos em fatias de vinte e cinco minutos, com ajuda do *timer*. Se você dispuser de um *timer* no formato de tomate, ficará ainda mais interessante. Ao fim de cada fatia oriente o aluno a se afastar da atividade por cinco minutos, tempo no qual ele pode fazer o que quiser, menos estudar, retornando ao final do tempo para mais vinte e cinco minutos. Ao final das quatro fatias, isto é, cem minutos, terá feito uma interrupção de vinte minutos que são parte da atividade, que totalizará duas horas. Além de ser uma forma criativa do uso do tempo, exercita o foco do aluno no estudo. Esta organização original funciona bem em aulas de tempo cronológico mais extenso, por exemplo, de um turno inteiro. Minha adaptação para o contexto da sala de aula da Educação Básica, com hora-aula de cinquenta minutos, ficou assim: quatro fatias de dez minutos, com pausas de dois minutos e meio ao final de cada fatia. Ainda nesta reconfiguração, você deve organizar a aula de forma que possa atuar como mediador de atividades de estudos em caráter coletivo, tais como debate, seminário, painel, conferência, mesa redonda etc.

■ A fantástica visita à exposição de conceitos

- Promoção:
    I. Sistema Didático Integral: caráter produtivo do conhecimento; relação criativa professor/alunos; valorização do esforço; clima criativo; centralidade do processo docente no aluno; respeito à individualidade; escutar os alunos, considerando suas perguntas, ideias e sugestões; individualização do processo de ensino-aprendizagem; clima de acolhimento afetivo e leveza nas interações professor/alunos.
    II. Trabalho Pedagógico Criativo: ação pedagógica original; questionamento e problematização da informação; condução dos alunos à percepção de contradições e lacunas no conhecimento; proposições personalizadas aos alunos; incentivo à independência, à audácia e à autovalorização.

---

1. Disponível em: http://www.pomodorotechnique.com, acesso em 24/4/2016.

III. Aprendizagem Criativa: transformação personalizada dos conteúdos; compreensão do aluno como sujeito ativo da aprendizagem; incentivo ao posicionamento e confronto em seus pontos de vista e em suas reflexões pessoais como sujeito capaz de posicionar-se; compromisso reflexivo do aluno como sujeito que aprende.

- O que é preciso: cartazes.
- Como fazer: Prepare previamente a sala de aula com cartazes contendo conceitos importantes do conteúdo estudado, afixados nas paredes, piso, móveis e teto. Esta experiência só é realmente interessante para conceitos mais breves, mais concisos. Elabore-os em papéis de variados tamanhos, formas e cores. Faça a mesma coisa com as letras: tamanhos, formas e cores diferentes. Insira imagens que dialoguem com os textos. Se os conceitos forem apenas de uma raiz temática, pesquise e inclua uma trilha sonora, com letra musical ou não, que faça referência ao conteúdo. Convide-os a passear pela sala, como em visita a uma exposição, sugerindo que se detenham em cada um deles por alguns instantes. Proponha que eles dialoguem uns com os outros sobre os conceitos apreciados e indaguem-se também:

  – Reconhecem-se naquele conjunto de ideias? De que forma?
  – Quais palavras, frases ou ideias têm importância crucial para a perfeita compreensão deste texto?
  – Quais conceitos e/ou argumentações percebem mais importantes?
  – Quais possíveis contradições e/ou lacunas encontram?
  – Como estes conhecimentos podem se relacionar à sua prática e à sua vida, modificando-as?

Após isso, já nos seus lugares, solicite que cada um verbalize livremente acerca da vivência e sobre os conceitos visitados e revisitados.

■ Reação em cadeia

- Promoção:
  I. Sistema Didático Integral: caráter produtivo do conhecimento; valorização do esforço; clima criativo; centralidade do processo

II. Trabalho Pedagógico Criativo: ação pedagógica original; perguntas originais nas orientações para as leituras e ação pedagógica; questionamento e problematização da informação; incentivo à solução inovadora de problemas; incentivo à independência, à audácia e à autovalorização.

III. Aprendizagem Criativa: compreensão do aluno como sujeito ativo da aprendizagem.

- O que é preciso: das cadeiras dos estudantes e de fichas (que podem ser produzidas no seu editor de textos).
- Como fazer: Antes de tudo, uma importante advertência: esta atividade, dado seu caráter notadamente lúdico, pode se tornar meramente recreativa e até memorística se você não selecionar para sua realização conteúdos e bibliografia verdadeiramente significativos. Extraia do conteúdo com o qual vai trabalhar perguntas com respostas, tantas quantas puder, e redija-as em fichas formatadas no seu editor de textos e impressas em papel cartão, para melhor manipulação e durabilidade. Esforce-se em elaborar perguntas originais, instigantes e criativas que questionem e problematizem os conteúdos! Organize-as em três modalidades de questões, refletindo possíveis progressivos graus de dificuldade:

– com respostas do tipo falso/verdadeiro;
– com respostas de múltipla escolha (a, b, c);
– com respostas diretas.

Disponha as carteiras da sala conforme o diagrama a seguir e peça para que a turma se divida em quatro times, cada um elegendo seu representante. Peça para que deixem quatro colunas de carteiras vazias no centro da sala, que serão o campo do jogo, semelhante aos jogos de tabuleiro do sistema avança/recua. Cada time vai se agrupar em um canto da sala. Indique-lhes a casa (carteira) que dá início ao jogo e a que vai ser o ponto de chegada. Os quatro representantes vão se dirigir à frente e lançar um dado para estabelecer a ordem numérica em que a partida vai começar. O desafiante que ganhou o sorteio terá três alternativas para iniciar a peleja, escolhendo qual modalidade de pergunta deseja responder. Antes, você terá explicado que a modalidade I vai permitir o avanço de uma casa, em caso de acerto, e o retrocesso, em caso de erro. Depois de recebida a pergunta, o jogador poderá, ainda, optar por não responder, permanecendo imóvel na casa onde estava. Na modalidade II, avançam-se ou recuam-se duas casas; e na III, três casas.

- Lançada a pergunta, o jogador da vez (e só ele) poderá responder de imediato, caso saiba sua resposta. Caso contrário, será dada voz à sua equipe (e só a ela), que vai discutir e decidir se responderá, ou não. Estabeleça um tempo para esse rápido debate. Lançada a resposta pelo time, confira com a da ficha e faça valer a regra do jogo: o jogador que representa o time no tabuleiro vai avançar a quantidade de casas correspondentes (contando as carteiras e sentando-se na indicada), ou vai permanecer de pé, caso erre ou recuse-se a responder. O recuo só vai começar a valer quando já estiverem no campo do jogo. Caso o jogador caia em uma casa já ocupada, passa a ocupar a cadeira vazia subsequente àquela. Passe a vez aos jogadores posteriores. O jogo vai se desenvolver sob esses princípios até que um desafiante atinja a última casa, levando sua equipe à vitória. Você pode, também, incluir questões para serem resolvidas no quadro de giz. É uma maneira de contemplar as disciplinas da área de exatas nesse divertido jogo. Ao final, abra um momento para a verbalização da experiência, aproveitando para avaliá-la.

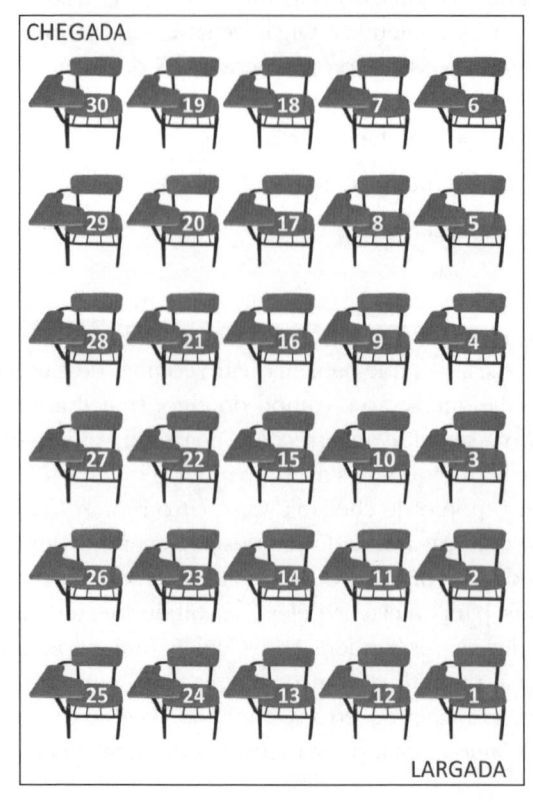

- **Jogo rápido**
  - Promoção:
    I. Sistema Didático Integral: complexidade crescente; relação criativa professor/alunos; valorização do esforço; clima criativo; centralidade do processo docente no aluno; respeito à individualidade; escutar os alunos, considerando suas perguntas, ideias e sugestões; individualização do processo de ensino-aprendizagem; perguntas provocativas e sugestivas, não fornecendo respostas imediatas aos alunos; clima de acolhimento afetivo e leveza nas interações professor/alunos.
    II. Trabalho Pedagógico Criativo: ação pedagógica original; perguntas originais nas orientações para as leituras e ação pedagógica; questionamento e problematização da informação; incentivo à solução inovadora de problemas; incentivo à independência, à audácia e à autovalorização.
    III. Aprendizagem Criativa: compreensão do aluno como sujeito ativo da aprendizagem.

  - O que é preciso: fichas com questões (use seu editor de textos).
  - Como fazer: Esta atividade requer a mesma advertência que fiz na anterior: em função do seu caráter extremamente lúdico, há o risco de se tornar meramente recreativa e até memorística se você não primar pela seleção de conteúdos e bibliografia verdadeiramente significativos. Prepare fichas com questões de sua disciplina, numerando-as em um possível grau de complexidade crescente. Formate-as no seu editor de textos e imprima-as em papel-cartão, para melhor manipulação e durabilidade. Esforce-se em construir perguntas criativas, originais, provocativas, sugestivas e indagadoras. Elabore figuras representando uma mão aberta com cerca de 15 cm de largura por 10 cm de altura na igual quantidade de quartetos de alunos que vão jogar, imprima em papel-cartão, plastifique-os e os recorte. Funcionará como se fosse uma sineta a qual "tocarão" para definir a vez de quem joga. Explicarei adiante. Elabore também tabuleiros para o jogo, usando uma folha inteira de papel A4, conforme a ilustração adiante (que é apenas um exemplo, você pode aumentar o número de casas), imprima-os em papel cartão na quantidade igual ao número de quartetos de alunos que jogarão. Peça aos alunos que se agrupem em quartetos com suas

carteiras postas em dupla, lado a lado, e as outras duas defronte a estas, formando um quadrado. Veja o desenho. Em uma das carteiras coloque um tabuleiro, em outra a "mão-sineta". Distribua quatro pequenos objetos diferentes para cada quarteto, que serão as peças que vão se deslocar pelo tabuleiro representando os jogadores, por exemplo, uma moeda, um apontador de lápis, uma tampinha de caneta e uma borracha. Veja que o tabuleiro contém quatro pistas iguais, cada um escolhe a sua e deve posicionar sua peça na casa de número zero, que é o ponto de partida do jogo. Escolhendo uma ficha de perguntas de nível mais elementar, você vai ler a pergunta, e os jogadores – que vão estar com as mãos à altura das orelhas – que souberem a resposta devem rapidamente colocar sua mão aberta sobre o ícone da "mão-sineta". Haverá uma pilha de mãos, mas terá direito à reposta o dono da mão que estará embaixo de todas, pois "tocou a sineta" primeiro. Então, cada quarteto vai discutir se a resposta do colega está certa ou errada, havendo dúvida você deve ser consultado. Se acertar, o jogador vai mover sua peça uma casa na direção positiva; se errar, movimentará uma casa na direção negativa. Os demais vão se manter no mesmo lugar. Há a escolha de não arriscarem jogar em qualquer rodada, mantendo suas mãos erguidas. Assim também se mantém na mesma casa que antes. Vá fazendo as perguntas buscando seguir a complexidade crescente elaborada, aquele que primeiro chegar ao final da pista positiva ganhará o jogo. Ao final, abra um momento para a verbalização da experiência, aproveitando para avaliá-la.

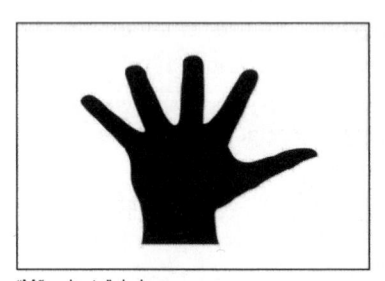

"Mão-sineta" do jogo.

| -5 | -4 | -3 | -2 | -1 | 0 | +1 | +2 | +3 | +4 | +5 |

| -5 | -4 | -3 | -2 | -1 | 0 | +1 | +2 | +3 | +4 | +5 |

| -5 | -4 | -3 | -2 | -1 | 0 | +1 | +2 | +3 | +4 | +5 |

| -5 | -4 | -3 | -2 | -1 | 0 | +1 | +2 | +3 | +4 | +5 |

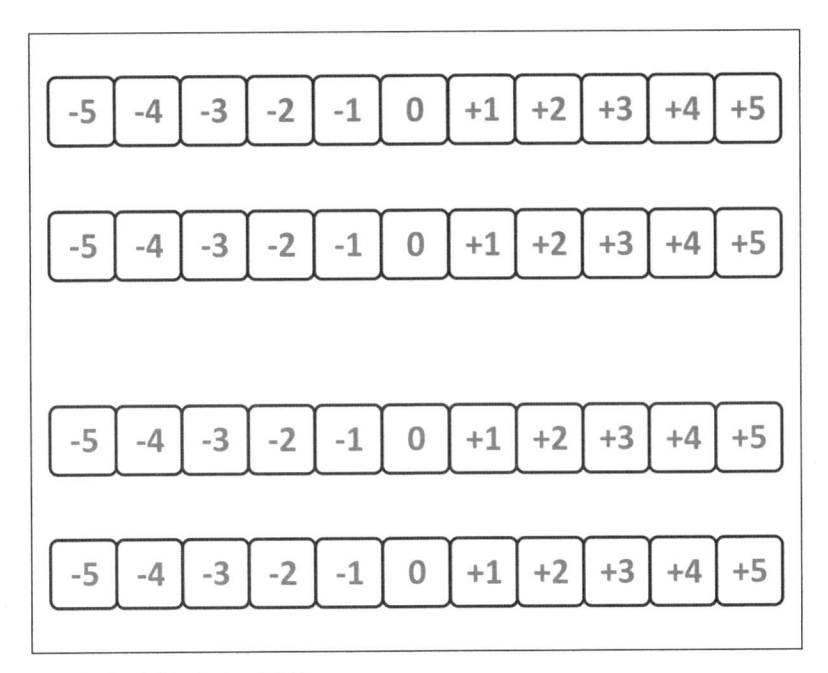

Exemplo de tabuleiro do Jogo Rápido.

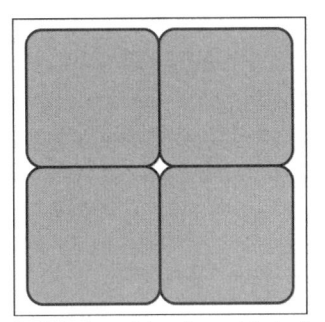

Posição das carteiras do quarteto de alunos.

■ Como você resolveria?

- Promoção:
    I. Sistema Didático Integral: caráter produtivo do conhecimento; valorização do esforço; clima criativo; centralidade do processo docente no aluno; escutar os alunos, considerando suas perguntas, ideias e sugestões; individualização do processo de

ensino-aprendizagem; trabalho particularizado de acordo com as características e ritmo de desenvolvimento de cada aluno; clima de acolhimento afetivo e leveza nas interações professor/alunos.

II. Trabalho Pedagógico Criativo: ação pedagógica original; questionamento e problematização da informação; proposições personalizadas aos alunos; incentivo à solução inovadora de problemas; incentivo à independência, à audácia e à autovalorização.

III. Aprendizagem Criativa: transformação personalizada dos conteúdos; compreensão do aluno como sujeito ativo da aprendizagem; incentivo ao posicionamento e confronto com base em seus pontos de vista e em suas reflexões pessoais como sujeito capaz de posicionar-se; compromisso reflexivo do aluno como sujeito que aprende.

- O que é preciso: nada.
- Como fazer: Proponha situações-problema ou estudos de caso relacionados aos conteúdos abordados e recomende que seus alunos construam cenas demonstrativas de como resolvê-los. Oriente-os a questionarem e a problematizarem os conteúdos, a realmente se perceberem nas situações vivenciadas e a se posicionarem crítica e reflexivamente ante a elas. Após a apresentação, abra um amplo debate com todo o grupo, pois este é o momento privilegiado de aprendizagens significativas e criativas. Finalize com suas considerações.

■ Invertendo a sala de aula

- Promoção:
    I. Sistema Didático Integral: caráter produtivo do conhecimento; relação criativa professor/alunos; valorização do esforço; clima criativo; centralidade do processo docente no aluno; escutar os alunos, considerando suas perguntas, ideias e sugestões; clima de acolhimento afetivo e leveza nas interações professor/alunos.
    II. Trabalho Pedagógico Criativo: ação pedagógica original; questionamento e problematização da informação; condução dos alunos à percepção de contradições e lacunas no conhecimento; incentivo à independência, à audácia e à autovalorização.

III. Aprendizagem Criativa: transformação personalizada dos conteúdos; compreensão do aluno como sujeito ativo da aprendizagem; incentivo ao posicionamento e confronto com base em seus pontos de vista e em suas reflexões pessoais como sujeito capaz de posicionar-se; compromisso reflexivo do aluno como sujeito que aprende.

- O que é preciso: nada.
- Como fazer: Proponha aos alunos uma desafiadora e divertida inversão: agende algumas aulas nas quais eles sejam os professores, e você, o aluno. Não se trata de um seminário. Eles não vão apresentar trabalhos para os próprios colegas, mas sim vão dar a aula para você, que vai estar sentado no lugar deles, sem planejamento prévio. Apresente uma proposta de roteiro e um passo a passo de um planejamento de aula e deixe o resto com eles! Divida a turma de maneira que cumpram o conteúdo proposto, com começo, meio e fim, não importando quantas aulas vão levar para completar o desafio. A organização pode se dar em trios, quartetos ou como for possível, desde que cada um tenha seu momento de exposição, a fim de se posicionar claramente ante ao ensinado. Sugira a eles que pensem em estratégias criativas para conduzir as aulas. Instigue-os a questionar e a problematizar os conteúdos, a buscar eventuais contradições e/ou lacunas no conhecimento trabalhado, a se esforçar para perceber de que maneira aqueles conhecimentos podem se relacionar com a vida deles, modificando-a etc.

■ Explorando completa e intensamente as leituras

- Promoção:
    I. Sistema Didático Integral: caráter produtivo do conhecimento; complexidade crescente; relação criativa professor/alunos; valorização do esforço; clima criativo; centralidade do processo docente no aluno; respeito à individualidade; escutar os alunos, considerando suas perguntas, ideias e sugestões; individualização do processo de ensino-aprendizagem; perguntas provocativas e sugestivas, não fornecendo respostas imediatas aos alunos; clima de acolhimento afetivo e leveza nas interações professor/alunos indicados.

II. Trabalho Pedagógico Criativo: ação pedagógica original; perguntas originais nas orientações para as leituras e ação pedagógica; questionamento e problematização da informação; condução dos alunos à percepção de contradições e lacunas no conhecimento; proposições personalizadas aos alunos; incentivo à solução inovadora de problemas; incentivo à independência, à audácia e à autovalorização.

III. Aprendizagem Criativa: transformação personalizada dos conteúdos; compreensão do aluno como sujeito ativo da aprendizagem; incentivo ao posicionamento e confronto com base em seus pontos de vista e em suas reflexões pessoais como sujeito capaz de posicionar-se; compromisso reflexivo do aluno como sujeito que aprende.

- O que é preciso: nada.
- Como fazer: Sabemos o quanto uma leitura efetiva e competente de um texto representa para o processo de construção do conhecimento. Sabemos igualmente o quanto se desperdiça em termos dessa construção nos procedimentos de leituras usuais. Então, para superar esse obstáculo, utilize este conjunto de estratégias.

Uma vez indicado o texto para a leitura dos alunos, construa uma espécie de roteiro mobilizador das especulações que eles podem fazer. Por exemplo: "a(s) palavra(s) (ou a frase, ou a ideia) x e/ou y tem/têm importância crucial para a perfeita compreensão do texto. Explorem-na(s)".

Peça resumos. Mas os surpreenda! Proponha que os realizem mais ou menos na metade da leitura e também após a leitura completa. A ideia é recuperar, em variadas ocorrências e momentos, os conteúdos apreendidos na leitura que vão servir de ponto de partida para novas explorações. Outras dicas: peça para eles resumirem o que leram e destacarem um número de evidências, que você definir, que corroborem com as ideias centrais do texto! Proponha que elaborem resumos cada vez mais concisos. É um excelente exercício de síntese, de exploração e de compreensão do texto! Por exemplo, determine inicialmente um número máximo de linhas, em um segundo momento, estabeleça um quantitativo máximo de palavras, depois, limite o resumo a uma única sentença!

Marque palavras, expressões, frases, parágrafos ou conceitos mais complexos ou potencialmente provocadores de incompreensões ou de compreensões equivocadas e faça provocações do tipo: o que significa a palavra/expressão "tal" para você no contexto dessa leitura?, reescreva/comente com suas palavras o que a frase/parágrafo/conceito "tal" quer dizer em função do contexto dessa leitura, quais palavras neste parágrafo são chaves para a compreensão do todo?

Proponha que façam conexões do conteúdo da leitura com outros textos lidos, e as exponham para o grupo, buscando coincidências ou divergências, avanços ou recuos; e conexões do texto lido com as atualidades (textos correntes, notícias da mídia, acontecimentos que presenciou etc.).

■ Comunicando o aprendido de formas não usuais

- Promoção:
    I. Sistema Didático Integral: Caráter produtivo do conhecimento, relação criativa professor/alunos, valorização do esforço, clima criativo, centralidade do processo docente no aluno, respeito à individualidade, escuta aos alunos, individualização do processo de ensino-aprendizagem, clima de acolhimento afetivo e leveza nas interações professor/alunos.
    II. Trabalho Pedagógico Criativo: Ação pedagógica original, incentivo à solução inovadora de problemas, incentivo à independência, à audácia e à autovalorização.
    III. Aprendizagem Criativa: Transformação personalizada dos conteúdos; compreensão do aluno como sujeito ativo da aprendizagem.

- O que é preciso: massinha de modelar e blocos de montar.
- Como fazer: Após o estudo de um texto, com a melhor estratégia possível para fazê-lo, experimente desafiar seus alunos a compartilhar o que aprenderam de mais significativo por meio da manipulação de massinha de modelar. Isso mesmo! Entregue um pote de massinha para cada aluno ou para cada grupo (caso prefira trabalhar em equipes neste momento), estabeleça um tempo e proponha que representem o que lhe foi mais significativo do estudo e/ou do debate com uma forma criada na massa. Quer uma variável sensacional? Em vez da massinha,

entregue um conjunto de blocos de montar para o aluno ou grupo e faça o mesmo desafio. Pense em outras possibilidades criativas para a expressão do conteúdo apreendido.

- **■ *Smartphones* e *tablets* são bem-vindos à sala de aula**

    - Promoção:
        I. Sistema Didático Integral: caráter produtivo do conhecimento; relação criativa professor/alunos; valorização do esforço; clima criativo; centralidade do processo docente no aluno; respeito à individualidade; escutar os alunos; individualização do processo de ensino-aprendizagem; trabalho particularizado de acordo com as características e ritmo de desenvolvimento de cada aluno; clima de acolhimento afetivo e leveza nas interações professor/alunos.
        II. Trabalho Pedagógico Criativo: ação pedagógica original; incentivo à solução inovadora de problemas; incentivo à independência, à audácia e à autovalorização.
        III. Aprendizagem Criativa: transformação personalizada dos conteúdos; compreensão do aluno como sujeito ativo da aprendizagem.

    - O que é preciso: permitir que usem *smartphones* e *tablets* em aula.
    - Como fazer: Em sua apresentação inicial e da disciplina ou curso, informe que, caso possuam *smartphones* ou *tablets* e desejem utilizá-los nas suas aulas como recursos adjuvantes aos processos de ensino e de aprendizagem, poderão fazê-lo. Esclareça bem: você não está liberando o uso indiscriminado desses equipamentos, todavia para fins estritamente pedagógicos e nos momentos marcados por você. Dirimir uma dúvida pessoal a qual o aluno prefere consultar mecanismos de busca é legítimo, mas não poderá fazê-lo a qualquer momento, sob o risco de perder uma explicação importante que o professor está fazendo naquele exato momento. Para isso, você os orientará que vão haver momentos específicos da aula nos quais você vai liberar um determinado tempo para consultas na *web*. Dessa maneira, dúvidas e curiosidades que eventualmente lhes ocorram devem ser anotadas para a busca no momento indicado. Claro, há os casos dos alunos que já trabalham direto no *notebook* ou *tablet*, tomando notas das aulas. Nesses casos, é importante recomendar-lhes que evitem fazer suas

buscas enquanto você explica o conteúdo, pois certamente isso vai tirar seu foco da aula e provavelmente o prejuízo será maior do que o ganho em buscar o significado de uma palavra ou conceito na *web*.

■ Explorando os recursos do QR Code nas aulas

- Promoção:
    I. Sistema Didático Integral: caráter produtivo do conhecimento; relação criativa professor/alunos; valorização do esforço; clima criativo; centralidade do processo docente no aluno; respeito à individualidade; individualização do processo de ensino-aprendizagem; clima de acolhimento afetivo e leveza nas interações professor/alunos.
    II. Trabalho Pedagógico Criativo: ação pedagógica original; questionamento e problematização da informação; incentivo à solução inovadora de problemas; incentivo à independência, à audácia e à autovalorização.
    III. Aprendizagem Criativa: compreensão do aluno como sujeito ativo da aprendizagem; incentivo ao posicionamento e confronto com base em seus pontos de vista e em suas reflexões pessoais como sujeito capaz de posicionar-se; compromisso reflexivo do aluno como sujeito que aprende.

- O que é preciso: geração de QR Code.
- Como fazer: Já que permitimos o uso de *smartphones* e *tablets* na aula, aqui vai uma sugestão que muito colaborará para dinamizar a ampliação dos saberes apreendidos na aula. Insira um QR Code nos textos que você vai disponibilizar para seus alunos. Você já deve ter visto ou mesmo já ter usado essa tecnologia que, por meio de um aplicativo no *smartphone* ou *tablet* com câmera, remete o usuário para determinado *site* ou vídeo na *web*. O QR Code ou Quick Response Code, que significa algo como Código de Resposta Rápida, é um código de barras extremamente eficiente na área de *marketing*, remetendo o cliente a espaços virtuais onde a empresa lhe mostrará mais dos seus produtos, convidando-o a consumir. Existe também a função inversa, em vez de levar o cliente à empresa, traz informação extra, sobretudo na forma de vídeos, para a palma da mão do cliente. Por que a educação criativa não pode também

se valer desse formidável recurso? Com um QR Code, ao final do texto você possibilita que seus alunos acessem, por exemplo, o *website* do autor para conhecer mais sobre ele e sua produção completa; caso seja um texto condensado, podem acessar a sua íntegra; pode também remeter os alunos a um vídeo que ilustre o que está sendo discutindo no texto etc. Outras ricas possibilidades ficam por conta da sua imaginação e criatividade. Mas como fazê-lo? É muito mais simples do que você imagina! O QR Code é um serviço gratuito do Google, disponível em: http://goo.gl/. Nessa página, você vai colocar, no campo apropriado, o endereço que você quer converter em QR Code. Pode ser de um *site*, de um arquivo de texto ou de um vídeo. Em seguida, clique no botão *Shorten URL*. Surgirá uma janela contendo: a *URL* longa (*Long URL*), isto é, o endereço original, a informação relativa a quando foi criada (*Created*), a *URL* curta (*Short URL*) e a palavra *Details*, que é onde você vai clicar para acessar informações estatísticas e a imagem do seu QR Code. Basta copiá-lo e usá-lo criativamente em proveito de aulas mais poderosas!

Quer experimentar? Baixe um aplicativo como o QR Code Reader no seu *smartphone* para acessar meu *website* rapidamente:

■ Quem mudará de opinião?

- Promoção:
    I. Sistema Didático Integral: caráter produtivo do conhecimento; complexidade crescente; relação criativa professor/alunos; valorização do esforço; clima criativo; centralidade do processo docente no aluno; respeito à individualidade; escutar os alunos; individualização do processo de ensino-aprendizagem; perguntas provocativas e sugestivas.

II. Trabalho Pedagógico Criativo: ação pedagógica original; incentivo à solução inovadora de problemas; incentivo à independência, à audácia e à autovalorização.

III. Aprendizagem Criativa: compreensão do aluno como sujeito ativo da aprendizagem; incentivo ao posicionamento e confronto com base em seus pontos de vista e em suas reflexões pessoais como sujeito capaz de posicionar-se; compromisso reflexivo do aluno, como sujeito que aprende.

- O que é preciso: texto para estudo.
- Como fazer: Baseado no texto para estudo, elabore diversas questões provocativas e criativas no estilo V ou F, em níveis de complexidade crescente. Entregue-as aos alunos para que, tendo você estabelecido um tempo, eles as respondam individualmente. Enquanto eles trabalham, desenhe no quadro duas colunas, uma V e outra F, numerando progressivamente de acordo com o número de questões. Veja exemplo:

1	V	F
2	V	F
3	V	F
4	V	F
5	V	F
6	V	F
7	V	F
8	V	F
9	V	F

Findado esse tempo, reagrupe-os em duplas ou trios e estabeleça um novo prazo para agora, coletivamente, discutirem o texto. Vencido esse limite, leia a primeira questão e questione os alunos a respeito das razões que lhes levaram a marcar sua resposta, V ou F. Abra novo debate com a turma relativo a essa primeira questão e, em seguida, peça-lhes para que respondam novamente a questão, tendo por base a discussão feita. Alguns vão mudar de opinião, outros não. Em seguida, dê a resposta certa, marque-a no quadro e comente a questão para dirimir dúvidas que ainda possam pairar. Prossiga com esta dinâmica até o final do exercício.

Nesta estratégia o formato V ou F não é importante, até mesmo porque é altamente reducionista. O valioso aqui é a possibilidade do confronto de ideias com base nas reflexões pessoais de cada aluno.

■ Praticando a leitura compreensiva

- Promoção:
    I. Sistema Didático Integral: caráter produtivo do conhecimento; complexidade crescente; relação criativa professor/alunos; valorização do esforço; clima criativo; centralidade do processo docente no aluno; respeito à individualidade; escutar os alunos; individualização do processo de ensino-aprendizagem; perguntas provocativas e sugestivas; clima de acolhimento afetivo e leveza nas interações professor/alunos.
    II. Trabalho Pedagógico Criativo: questionamento e problematização da informação; condução dos alunos à percepção de contradições e lacunas no conhecimento; incentivo à solução inovadora de problemas; incentivo à independência, à audácia e à autovalorização.
    III. Aprendizagem Criativa: compreensão do aluno como sujeito ativo da aprendizagem; incentivo ao posicionamento e confronto com base em seus pontos de vista e em suas reflexões pessoais como sujeito capaz de posicionar-se; compromisso reflexivo do aluno como sujeito que aprende.

- O que é preciso: texto para estudo.
- Como fazer: Sabemos o quão importante é a realização de uma leitura compreensiva para os processos de aprendizagem. Já falei aqui do lamentável desperdício de tempo, pedagógico, sobretudo, nas repetidas leituras mecânicas que não mergulham no âmago do texto, não permitem construções de sentidos e significados e, por isso, não produzem aprendizagens efetivas. Experimente esta estratégia. Selecione textos desafiadores, mas não muito além do nível que você certamente infere que a turma tenha, nem muito aquém. Principalmente nos quesitos complexidade e extensão. Tendo indicado a leitura a ser feita e recomendado que, de fato, a façam de maneira cuidadosa e dedicada, sem preguiça ou pressa. Oriente-os que na leitura busquem identificar e marcar os conceitos-chave, as ideias principais e as secundárias de cada parágrafo. Sugira também que transcrevam as palavras cujos significados

desconhecem para uma folha, organizando-as em ordem alfabética na forma de glossário, o qual será completado com ajuda de um dicionário. Aliás, a turma sabe o que é um glossário? Aproveite e fale sobre isso.

No dia da aula, estipule um tempo para que a turma releia o texto. Nessa releitura, solicite que batizem cada parágrafo com um nome que seja significativo do seu conteúdo, anotando-o na margem da folha próxima a ele. É como se esse nome fosse o título desse parágrafo, a síntese de um parágrafo em uma expressão curta. Terminada essa etapa, agora, para cada parágrafo, eles devem elaborar um comentário pessoal, ou seja, reescrever a sua ideia essencial com suas palavras. Terminada essa tarefa, convide voluntários a compartilhar o resultado com a turma oralmente.

Uma variável interessante é, em vez de nomear parágrafos, solicitar que a turma identifique no texto suas partes principais: introdução, desenvolvimento, conclusão. Em seguida, nomeá-las e elaborar os comentários pessoais.

Seja de uma maneira ou de outra, finalize a atividade solicitando que criem outros possíveis títulos para o texto, claro, de modo que reflitam seu conteúdo.

Caso queira, pode preparar alguns questionamentos sobre o texto e imprimi-los em fichas. Ao final de toda a atividade, sorteie as fichas e convide alguns alunos para respondê-las e, então, você terá uma noção do grau de compreensão que tiveram do texto. Você está convidado a criar uma estratégia criativa para este momento. Valerá a pena!

■ Todas as chances de acertar

Promoção:
I. Sistema Didático Integral: caráter produtivo do conhecimento; relação criativa professor/alunos; clima criativo; centralidade do processo docente no aluno; escutar os alunos; perguntas provocativas e sugestivas.

II. Trabalho Pedagógico Criativo: questionamento e problematização da informação; incentivo à solução inovadora de problemas; incentivo à independência, à audácia e à autovalorização.

III. Aprendizagem Criativa: compreensão do aluno como sujeito ativo da aprendizagem; incentivo ao posicionamento e confronto com base em seus pontos de vista e em suas reflexões pessoais como sujeito capaz de posicionar-se; compromisso reflexivo do aluno como sujeito que aprende.

- O que é preciso: dados, envelopes pequenos e médios, cartas com perguntas, cartas com respostas.

- Como fazer: Esta é uma das atividades criadas por mim que mais agradam professores e alunos. Elabore fichas com perguntas, colocando-as em envelopes individuais. Produza fichas com as respostas e as introduza em outros envelopes também individuais. Para associar perguntas com suas respectivas respostas, numere o par de envelopes por fora. Ou seja, o primeiro par será 1, o segundo será 2 e assim por diante. Esses pares de envelopes devem ser colocados em um envelope maior, também numerado conforme o par. Faça isso várias vezes e terá um repertório significativo de questões da sua disciplina. Organize a turma em times de quantidade razoavelmente equitativa. Jogue os dados para definir a ordem de jogo e, seguindo a ordem sorteada, peça para cada time retirar aleatoriamente a quantidade de envelopes que lhe cabe.

- Começando o jogo: O primeiro time abre seu envelope nomeado PERGUNTA, o lê em silêncio, escolhe um aluno de determinado time e lança-lhe a pergunta. Esse aluno, caso saiba, a responderá nesse primeiro momento sem consultar o seu time. O time que fez a pergunta abre o envelope RESPOSTA e confere de modo silencioso. Não revela a resposta ainda. Caso acerte, o time do respondente ganha 100 pontos. Se errar, ele tem direito a nova oportunidade, dessa vez consultando seu time. Caso acerte na segunda chance, o time respondente ganha 50 pontos. Se errar, tem mais uma oportunidade: pronunciará a frase "Ajuda externa!". Então qualquer jogador de qualquer um dos demais times pode anunciar que irá responder, o primeiro que levantar a mão tem direito à palavra. Caso acerte, os dois times ganharão 25 pontos cada um. Se errar, o time perguntador lê a resposta correta. Aproveite o momento em que a resposta é revelada para comentar a questão. O jogo prossegue com o segundo time, na ordem do sorteio, abrindo um dos envelopes e fazendo a nova pergunta. O jogo prosseguirá nessa dinâmica até que se encerre a primeira rodada, quando o último time jogar. A segunda rodada começa com o primeiro time pegando o segundo envelope e assim por diante. Você pode elaborar uma tabela na lousa como placar do jogo; também pode criar fichas simulando papel-moeda com os valores de 25, 50 e 100. Vá distribuindo aos times de acordo com o andamento do jogo. Ao final, faça a tabulação dos valores de cada time e proclame o vencedor.

Estratégias criativas para avaliação da aula, da disciplina ou do curso e autoavaliações discente e docente

A avaliação é outra dimensão poderosa na construção de aprendizagens efetivas. Sua presença é uma constante nos processos de ensino e aprendizagem, mesmo que não a percebamos. Praticamos a avaliação consciente ou inconscientemente a todo o momento e ela dirige a dinâmica do ensinar e aprender. Contudo, ela é uma via de mão dupla: nossos alunos também a praticam constantemente, avaliam o avaliador e assumem novos posicionamentos ante o ato de aprender em virtude de tais avaliações. Seja a avaliação da/para a aprendizagem, a qual trataremos separadamente no próximo bloco, seja da a própria aula, disciplina ou curso que leciona, seja a avaliação que o aluno faz do seu próprio desempenho ou a que o professor faz do seu trabalho pedagógico, essa ferramenta é absolutamente indispensável quando pensamos em aprendizagens efetivas. É disso que trata este bloco.

■ Radar de autoavaliação do desempenho do aluno

- Promoção:
    I. Sistema Didático Integral: relação criativa professor/alunos; foco no processo; clima criativo; avaliações e autoavaliações significativas, criativas e verdadeiramente reorientadoras dos processos de ensino e de aprendizagem; clima de acolhimento afetivo e leveza nas interações professor/alunos.

- O que é preciso: instrumento apresentado adiante.
- Como fazer: Esta proposta se aplica à autoavaliação dos alunos quanto ao seu desempenho na disciplina ou curso. O interessante é que esta estratégia seja realizada duas vezes, uma, na metade do calendário, e outra, próximo ao seu final. Nunca na última aula, pois você precisa dar *retorno* à turma quanto à avaliação. Esses dois momentos se prestam também para que você possa fazer uma análise comparativa entre eles e, nessa experiência, tal análise pode ser também visual: você vai sobrepor as duas folhas e, colocando-as contra a luz, verá o movimento do gráfico entre um momento avaliativo e outro. Você logo vai entender quando

vir o instrumento. Lembre-se que se trata de um exemplo. Você deve adaptá-lo a sua realidade e a suas necessidades. Vamos a ele.

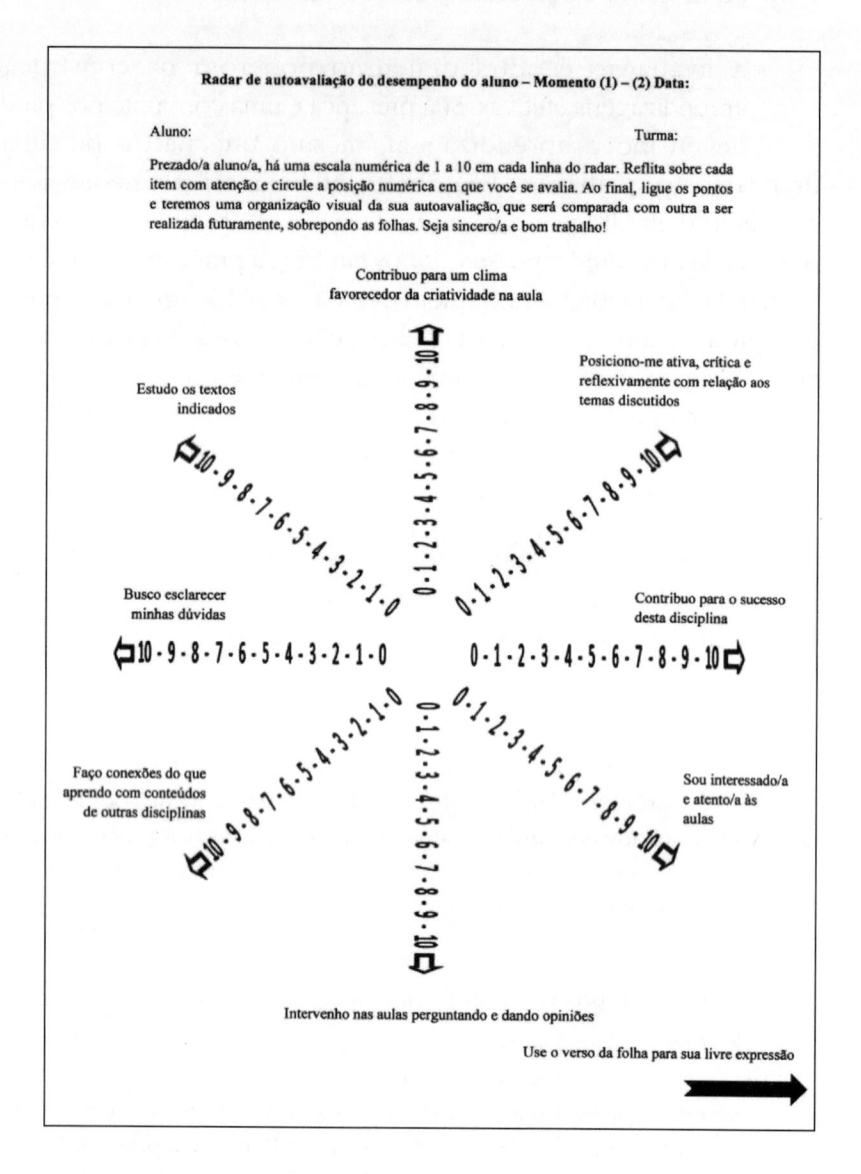

Radar de autoavaliação do desempenho do aluno – Momento (1) – (2) Data:

Aluno: Turma:

Prezado/a aluno/a, há uma escala numérica de 1 a 10 em cada linha do radar. Reflita sobre cada item com atenção e circule a posição numérica em que você se avalia. Ao final, ligue os pontos e teremos uma organização visual da sua autoavaliação, que será comparada com outra a ser realizada futuramente, sobrepondo as folhas. Seja sincero/a e bom trabalho!

- Contribuo para um clima favorecedor da criatividade na aula
- Posiciono-me ativa, crítica e reflexivamente com relação aos temas discutidos
- Estudo os textos indicados
- Busco esclarecer minhas dúvidas
- Contribuo para o sucesso desta disciplina
- Faço conexões do que aprendo com conteúdos de outras disciplinas
- Sou interessado/a e atento/a às aulas
- Intervenho nas aulas perguntando e dando opiniões

Use o verso da folha para sua livre expressão ➡

Radar de autoavaliação do desempenho do aluno (ainda sem intervenção). O verso da folha deve estar em branco para que o aluno, caso queira, possa se expressar livremente.

Veja um instrumento preenchido por um aluno:

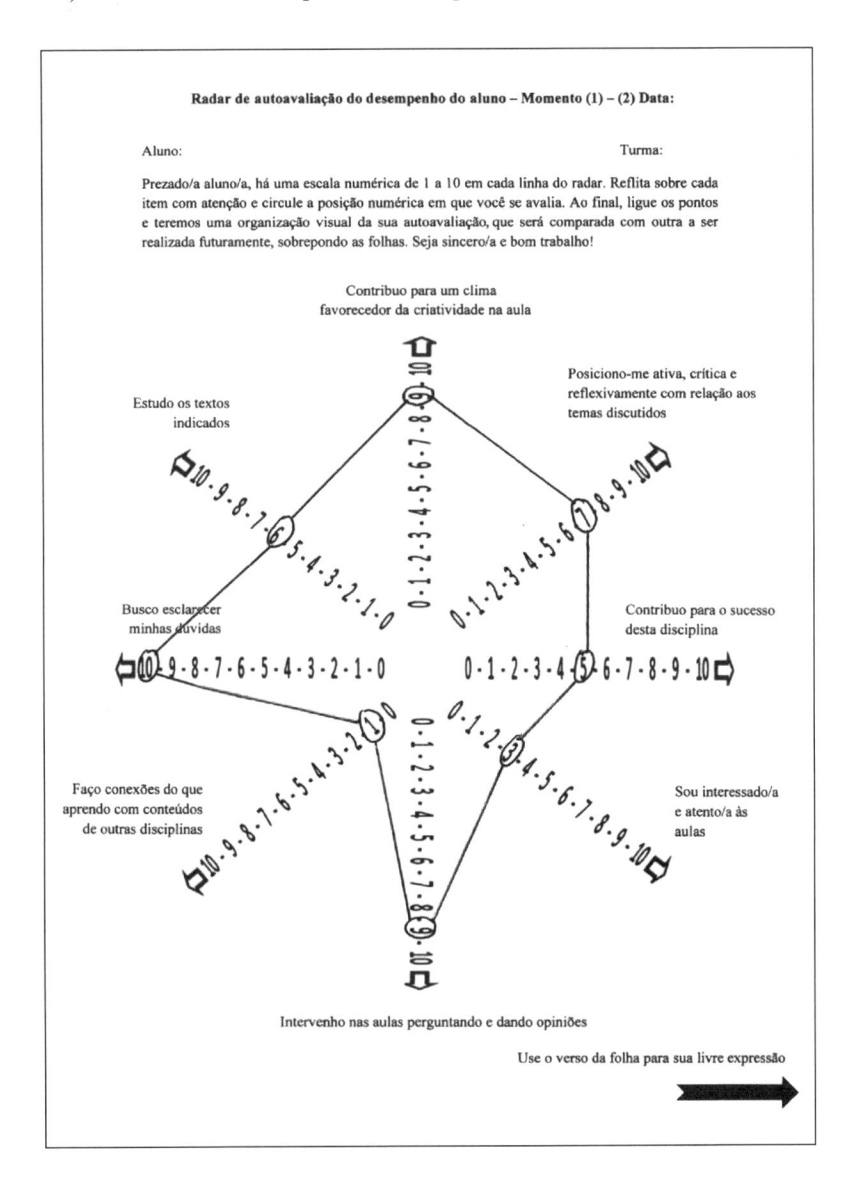

Radar de autoavaliação do desempenho do aluno – Momento (1) – (2) Data:

Aluno: Turma:

Prezado/a aluno/a, há uma escala numérica de 1 a 10 em cada linha do radar. Reflita sobre cada item com atenção e circule a posição numérica em que você se avalia. Ao final, ligue os pontos e teremos uma organização visual da sua autoavaliação, que será comparada com outra a ser realizada futuramente, sobrepondo as folhas. Seja sincero/a e bom trabalho!

- Contribuo para um clima favorecedor da criatividade na aula
- Estudo os textos indicados
- Posiciono-me ativa, crítica e reflexivamente com relação aos temas discutidos
- Busco esclarecer minhas dúvidas
- Contribuo para o sucesso desta disciplina
- Faço conexões do que aprendo com conteúdos de outras disciplinas
- Sou interessado/a e atento/a às aulas
- Intervenho nas aulas perguntando e dando opiniões

Use o verso da folha para sua livre expressão

Ao sobrepormos e colocarmos contra a luz as folhas correspondentes às autoavaliações dos dois momentos teremos uma representação visual do movimento autoperceptivo do aluno quanto aos indicadores que você levantou. Perceba que este referido movimento aponta para as

Estratégias didáticas para aulas criativas

características das intervenções que você vai fazer. Quanto mais para o centro, mais delicadas, cuidadosas e necessárias serão. Com base nas respostas dos alunos, você pode, ainda, convidar para um diálogo aqueles que dão pistas de que necessitam de atenção personalizada.

Você pode também fazer uma tabulação geral da turma com base em um radar em branco, transpondo para ele as respostas de cada aluno para cada indicador. Veja o exemplo a seguir:

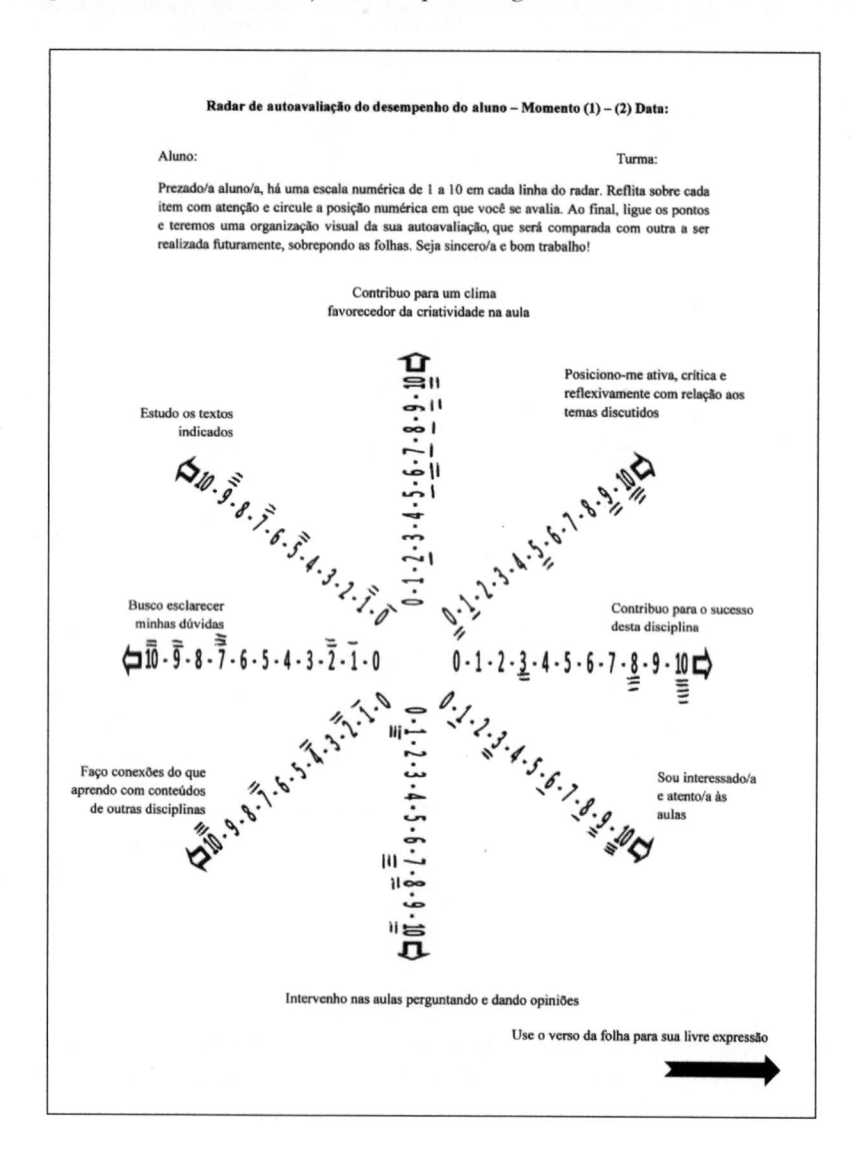

Radar de autoavaliação do desempenho do aluno – Momento (1) – (2) Data:

Aluno: Turma:

Prezado/a aluno/a, há uma escala numérica de 1 a 10 em cada linha do radar. Reflita sobre cada item com atenção e circule a posição numérica em que você se avalia. Ao final, ligue os pontos e teremos uma organização visual da sua autoavaliação, que será comparada com outra a ser realizada futuramente, sobrepondo as folhas. Seja sincero/a e bom trabalho!

Contribuo para um clima favorecedor da criatividade na aula

Estudo os textos indicados

Posiciono-me ativa, crítica e reflexivamente com relação aos temas discutidos

Busco esclarecer minhas dúvidas

Contribuo para o sucesso desta disciplina

Faço conexões do que aprendo com conteúdos de outras disciplinas

Sou interessado/a e atento/a às aulas

Intervenho nas aulas perguntando e dando opiniões

Use o verso da folha para sua livre expressão ➡

Essa organização visual o ajudará a planejar intervenções que reorientem o percurso da disciplina. Por último, lembre-se que ainda há o espaço para livre expressão do aluno no verso, indicado no final do instrumento. Esse espaço, quando preenchido, certamente contém valiosas informações que podem contribuir para a efetivação de uma aula significativa, criativa e produtiva.

■ Radar de avaliação da disciplina ou do curso feito pelo aluno

I. Sistema Didático Integral: relação criativa professor/alunos; foco no processo; clima criativo; avaliações e autoavaliações significativas, criativas e verdadeiramente reorientadoras dos processos de ensino e de aprendizagem; clima de acolhimento afetivo e leveza nas interações professor/alunos.

- O que é preciso: instrumento apresentado adiante.
- Como fazer: Com base no modelo de radar apresentado na estratégia anterior, você pode escutar as percepções dos seus alunos sobre sua disciplina ou curso, basta adaptá-lo com indicadores adequados. Adiante apresento minhas sugestões. Da mesma forma que o anterior, esta estratégia deve ser realizada duas vezes, uma, na metade do calendário, e outra, próximo ao seu final, para que você tenha tempo de dar retorno e discutir com a turma. Cruzando esses dois momentos, você poderá avaliá-los comparativamente. Da mesma maneira, você vai sobrepor e colocar contra a luz as duas folhas e ver o movimento do gráfico entre um momento avaliativo e outro.

Radar de avaliação da disciplina/curso pelo aluno – Parcial/Momento (1) - (2) Data:

Aluno: Turma:

Prezado/a aluno/a, há uma escala numérica de 1 a 10 em cada linha do radar. Reflita sobre cada item com atenção e circule a posição numérica correspondente à sua avaliação. Ao final, ligue os pontos e teremos uma organização visual da sua avaliação, que será comparada com outra a ser realizada futuramente, sobrepondo as folhas. Seja sincero/a e bom trabalho!

Os critérios da avaliação são claros

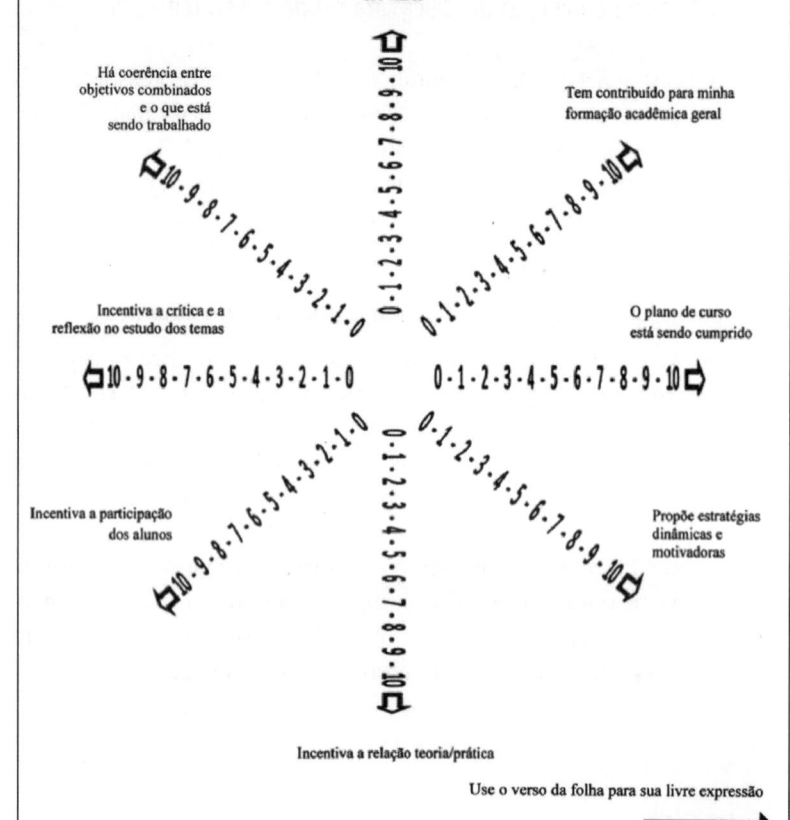

Há coerência entre objetivos combinados e o que está sendo trabalhado

Tem contribuído para minha formação acadêmica geral

Incentiva a crítica e a reflexão no estudo dos temas

O plano de curso está sendo cumprido

Incentiva a participação dos alunos

Propõe estratégias dinâmicas e motivadoras

Incentiva a relação teoria/prática

Use o verso da folha para sua livre expressão

82 Papirus Editora

Veja um instrumento preenchido por um aluno:

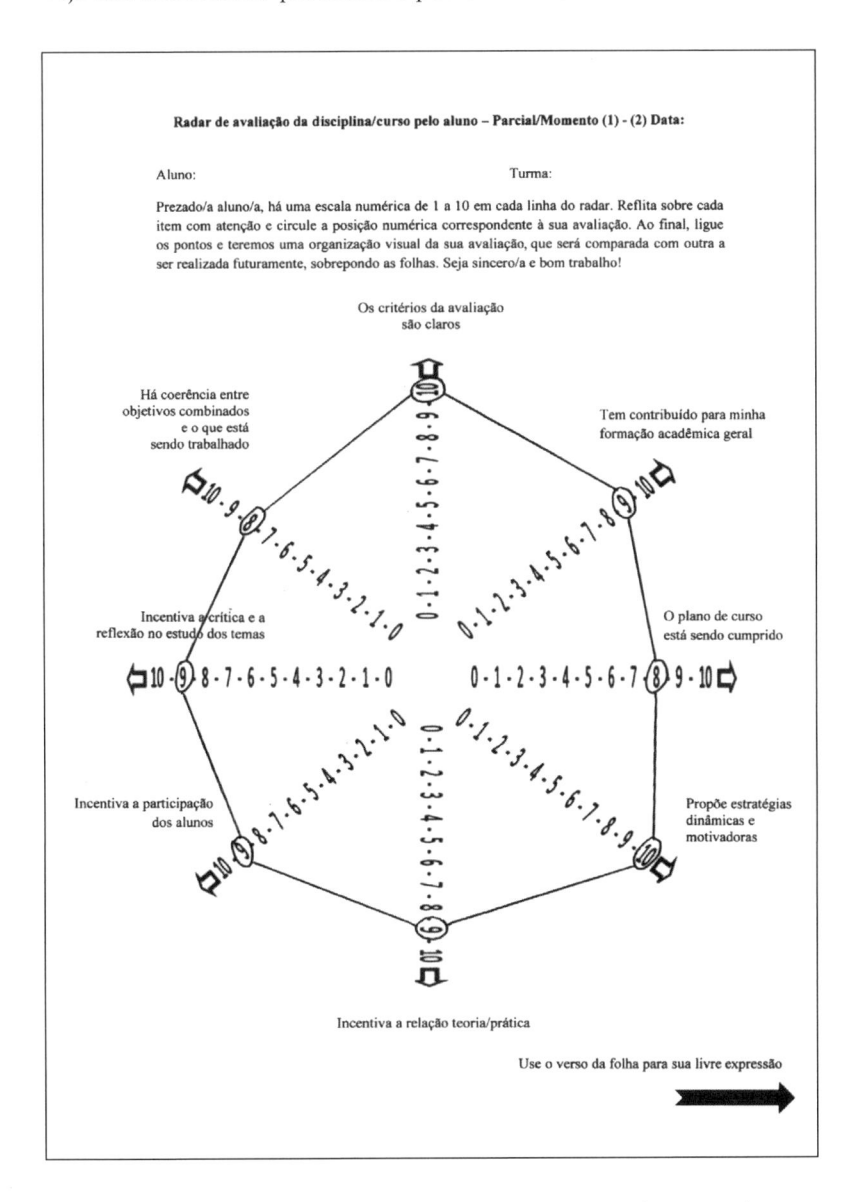

Radar de avaliação da disciplina/curso pelo aluno – Parcial/Momento (1) - (2) Data:

Aluno: Turma:

Prezado/a aluno/a, há uma escala numérica de 1 a 10 em cada linha do radar. Reflita sobre cada item com atenção e circule a posição numérica correspondente à sua avaliação. Ao final, ligue os pontos e teremos uma organização visual da sua avaliação, que será comparada com outra a ser realizada futuramente, sobrepondo as folhas. Seja sincero/a e bom trabalho!

- Os critérios da avaliação são claros
- Há coerência entre objetivos combinados e o que está sendo trabalhado
- Tem contribuído para minha formação acadêmica geral
- Incentiva a crítica e a reflexão no estudo dos temas
- O plano de curso está sendo cumprido
- Incentiva a participação dos alunos
- Propõe estratégias dinâmicas e motivadoras
- Incentiva a relação teoria/prática

Use o verso da folha para sua livre expressão

Você pode tabular o resultado geral da turma usando um radar em branco, transpondo para ele as respostas de cada aluno para cada indicador. Veja o exemplo a seguir:

Radar de avaliação da disciplina/curso pelo aluno – Parcial/Momento (1) - (2) Data:

Aluno: Turma:

Prezado/a aluno/a, há uma escala numérica de 1 a 10 em cada linha do radar. Reflita sobre cada item com atenção e circule a posição numérica correspondente à sua avaliação. Ao final, ligue os pontos e teremos uma organização visual da sua avaliação, que será comparada com outra a ser realizada futuramente, sobrepondo as folhas. Seja sincero/a e bom trabalho!

Os critérios da avaliação são claros

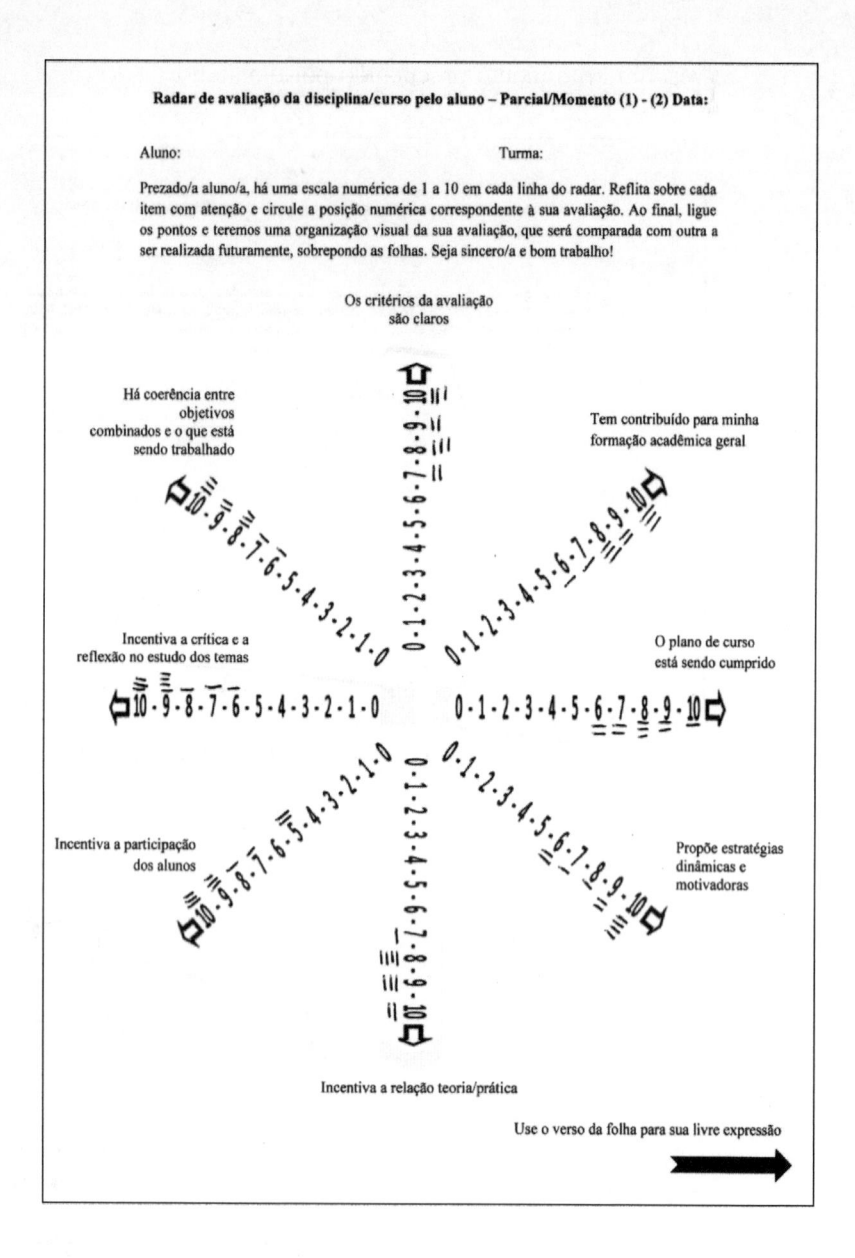

Há coerência entre objetivos combinados e o que está sendo trabalhado

Tem contribuído para minha formação acadêmica geral

Incentiva a crítica e a reflexão no estudo dos temas

O plano de curso está sendo cumprido

Incentiva a participação dos alunos

Propõe estratégias dinâmicas e motivadoras

Incentiva a relação teoria/prática

Use o verso da folha para sua livre expressão ➡

Esta organização visual também lhe ajudará a planejar intervenções que reorientem o percurso da disciplina. Por último, lembre-se que ainda há o espaço para livre expressão do aluno no verso, indicado no final do instrumento. Esse espaço, quando preenchido, certamente contém valiosas informações que podem contribuir para a efetivação de uma aula significativa, criativa e produtiva.

■ Meu querido diário

- Promoção:
  I. Sistema Didático Integral: relação criativa professor/alunos; foco no processo; clima criativo; avaliações e autoavaliações significativas, criativas e verdadeiramente reorientadoras dos processos de ensino e de aprendizagem; clima de acolhimento afetivo e leveza nas interações professor/alunos.

- O que é preciso: um diário ou agenda.
- Como fazer: Peça que cada aluno adquira uma agenda ou caderno pequeno que possa servir para registrar ao final de cada aula qualquer coisa significativa que lhe tenha ocorrido, em texto ou desenho. Para isso, além da capa conter seu nome e seu endereço de correio eletrônico pelo qual você vai dar o *retorno* da atividade, cada página do diário deve introduzir no seu cabeçalho os seguintes dados e o restante da página em branco:

> Hoje é dia _____ de _____ de _____
> Querido aluno, querida aluna... Escreva ou represente qualquer coisa que tenha pensado ou sentido durante a aula de hoje.

Não dê dicas do que podem fazer, é um exercício livre e deve ser revelador do que pensam e de como se posicionam relativamente ao curso ou disciplina. Apenas os relembrem em todas as aulas de que devem trazer seus diários e que você vai reservar um tempo razoável ao final da aula para esta importante atividade. Você só terá acesso a eles no último dia de curso, quando você os solicitará. Haverá um farto material rico em informações que vão favorecer o conjunto de avaliações do seu curso, disciplina ou aula para as novas edições. Garanta-lhes que vai dar retorno das avaliações por correio eletrônico e assim o faça.

■ Curti! Não curti!

- Promoção:
  I. Sistema Didático Integral: relação criativa professor/alunos; foco no processo; clima criativo; avaliações e autoavaliações significativas,

criativas e verdadeiramente reorientadoras dos processos de ensino e de aprendizagem; clima de acolhimento afetivo e leveza nas interações professor/alunos.

- O que é preciso: material apresentado adiante.
- Como fazer: Elabore fichas incluindo dois famosos ícones gráficos de uma conhecida rede social e as expressões "curti!" e "não curti!" sucedidas da pergunta "por quê?" (veja ilustração adiante) e as distribua ao final, dando tempo para que os seus alunos as preencham e devolvam a você. Você pode estabelecer que a identificação seja facultativa ou, caso prefira, peça que se identifiquem. Oriente-os para que indiquem "o que" curtiram na aula, na disciplina ou no curso e "o que" não curtiram, acrescentando suas razões. Caso você direcione a estratégia para a autoavaliação dos alunos, eles devem indicar "o que" curtiram quanto ao seu papel como estudante e "o que" não curtiram, justificando-se e, necessariamente, identificando-se. Recolha-os e não se esqueça de reorientar a sua organização do trabalho pedagógico com base nelas. Se houver possibilidade de dar retorno aos seus alunos, será ótimo!

Eu Curti!
POR QUÊ?
_____
_____
_____

Eu Não Curti!
POR QUÊ?
_____
_____
_____

- **O retorno da lâmpada mágica**

    - Promoção:
        I. Sistema Didático Integral: relação criativa professor/alunos; foco no processo; clima criativo; avaliações e autoavaliações significativas, criativas e verdadeiramente reorientadoras dos processos de ensino e de aprendizagem; clima de acolhimento afetivo e leveza nas interações professor/alunos.

    - O que é preciso: os envelopes guardados por você na atividade "A lâmpada mágica" no bloco "Estratégias criativas para que a turma se conheça".

    - Como fazer: Esta atividade é um desdobramento de "A lâmpada mágica", apresentada no bloco de "Estratégias para que turma se conheça". Apanhe os envelopes com os três desejos indicados pelos alunos e leve para a penúltima aula, pois você havia prometido que estes seriam devolvidos na reta final. Sugiro que não seja na última aula para que você ainda tenha tempo para dar algum *retorno* na aula seguinte aos alunos. Com os envelopes em mãos, lembre os alunos de como foi o momento de pensar nos desejos para o percurso que está por se encerrar. Talvez alguns se surpreendam por terem se esquecido daquele momento e isso será um tempero a mais. Devolva cada envelope ao seu dono e peça para que os releiam em silêncio e reflitam sobre eles: quais os alcançaram, quais não; fatores que intervieram para isso; o que poderiam ter feito para ter resultados favoráveis, nos casos de desejos não alcançados etc. Dê um tempo razoável para essas reflexões pessoais e depois peça para que cada um as partilhe com o grupo que, ao final da sua fala, pode comentar. Quando todos tiverem falado, finalize com suas considerações. Só mais um lembrete: respeite a decisão de alunos que não querem compartilhar suas reflexões com o grupo. Mas, se achar que convém, você pode convidá-los discretamente para uma conversa particular em outro espaço e momento. Faça você, também, suas reflexões acerca dessa experiência e, se quiser, dê *retorno* à turma na última aula.

- **O retorno da carta-compromisso**

    - Promoção:
        I. Sistema Didático Integral: relação criativa professor/alunos; foco no

processo; clima criativo; avaliações e autoavaliações significativas, criativas e verdadeiramente reorientadoras dos processos de ensino e de aprendizagem; clima de acolhimento afetivo e leveza nas interações professor/alunos.

- O que é preciso: os envelopes guardados por você na atividade "Carta-compromisso" no bloco "Estratégias criativas para que a turma se conheça".
- Como fazer: Use os mesmos procedimentos da atividade "O retorno da lâmpada mágica", descrito anteriormente.

■ Lista de verificação de autoavaliação do aproveitamento discente

- Promoção:
    I. Sistema Didático Integral: centralidade do processo docente no aluno; respeito à individualidade; escutar os alunos; individualização do processo de ensino-aprendizagem; avaliações e autoavaliações significativas, criativas e verdadeiramente reorientadoras dos processos de ensino e de aprendizagem.
    II. Aprendizagem Criativa: compreensão do aluno como sujeito ativo da aprendizagem; compromisso reflexivo do aluno como sujeito que aprende.

- O que é preciso: o material escolar do aluno.
- Como fazer: Combine com seus alunos que, por exemplo, quinzenalmente eles irão se avaliar no tocante ao seu aproveitamento na disciplina: conteúdos efetivamente aprendidos, razoavelmente aprendidos e não aprendidos. Veja uma proposta de quadro adiante. Mas você vai usar a seguinte estratégia. Combine o dia com antecedência para que eles se preparem para a atividade. Na ocasião, distribua a folha com o quadro apresentado mais à frente, estabeleça um tempo razoável e peça para que consultem atentamente seus cadernos, livros, apostilas e apontamentos, buscando os conteúdos trabalhados naquele período e indicando na forma de tópicos o que consideram que efetivamente aprenderam, o que razoavelmente aprenderam e o que não aprenderam. Ao terminarem, solicite para que cada um socialize seu "relatório", verbalizando para a turma. Estabeleça e medie

discussões envolvendo toda a turma ao final da fala de cada aluno e também ao final da atividade. Peça para que entreguem as fichas para você. Esta estratégia é uma forma interessante e rica de partilha, uma vez que, ao socializarem, muitos vão perceber que não estão sozinhos nos seus patamares de saberes e você, de posse dos relatos, poderá intervir melhor no processo, reajustando as velas do seu planejamento e personalizando os processos de ensino e de aprendizagem.

Lista de verificação de autoavaliação do aproveitamento discente – Data: _____ Nome: _____ Disciplina: _____ Turma: _____		
☺ Efetivamente aprendido	😐 Razoavelmente aprendido	☹ Não aprendido

■ Lista de verificação de autoavaliação do desempenho docente

- Promoção:
    I. Sistema Didático Integral: autoavaliação significativa, verdadeiramente reorientadora dos processos de ensino.

- O que é preciso: a lista de verificação.

- Como fazer: Possibilitar que o aluno se expresse de maneira autoavaliativa e que tal autoavaliação seja considerada por você, reorientando seu trabalho pedagógico, é extremamente importante para aprendizagens efetivas. Do outro lado, igualmente: uma autoavaliação docente ética e também reorientadora da sua prática docente vai contribuir substancialmente para aprendizagens efetivas por parte dos alunos. Convido-o a experimentá-la. Proponho esta lista de verificação que poderá ser adaptada livremente por você, ajustando-a da melhor forma ao seu contexto de docência. Simplesmente responda a cada indagação, de preferência justificando cada posicionamento seu. Para cada pergunta, há uma escala do tipo *likert* que vai do negativo ao positivo, marque como lhe convém e reflita sobre ela. É, em princípio, um documento pessoal e intransferível, servindo exclusivamente para suas reflexões e tomada de decisões. Recomendo que a pratique recorrentemente, guardando consigo as fichas para proceder a um exame comparativo quando lhe for conveniente.

	Lista de verificação de autoavaliação do desempenho docente – Data: _____
	Sou um professor que:
1	Acolhe, considera, respeita as críticas que recebe no ambiente educacional? (-4)(-3)(-2)(-1)(0)(+1)(+2)(+3)(+4) Por quê?
2	Contribui para um clima favorecedor da criatividade na sala de aula? (-4)(-3)(-2)(-1)(0)(+1)(+2)(+3)(+4) Por quê?
3	Cumpre as decisões do coletivo e as orientações institucionais? (-4)(-3)(-2)(-1)(0)(+1)(+2)(+3)(+4) Por quê?
4	Cumpre horário? (-4)(-3)(-2)(-1)(0)(+1)(+2)(+3)(+4) Por quê?
5	Cumpre o plano de curso da sua disciplina? (-4)(-3)(-2)(-1)(0)(+1)(+2)(+3)(+4) Por quê?
6	É pontual na divulgação de notas aos alunos? (-4)(-3)(-2)(-1)(0)(+1)(+2)(+3)(+4) Por quê?
7	Contribui efetivamente para um bom clima de convivência com seus colegas? (-4)(-3)(-2)(-1)(0)(+1)(+2)(+3)(+4) Por quê?
8	Entrega diários e relatórios nas datas estabelecidas? (-4)(-3)(-2)(-1)(0)(+1)(+2)(+3)(+4) Por quê?
9	Estabelece coerência entre o combinado e o que está sendo efetivado com os alunos? (-4)(-3)(-2)(-1)(0)(+1)(+2)(+3)(+4) Por quê?
10	Estabelece critérios de avaliação coerentes, claros e discutidos com os alunos? (-4)(-3)(-2)(-1)(0)(+1)(+2)(+3)(+4) Por quê?
11	Estabelece encadeamento lógico entre os conteúdos? (-4)(-3)(-2)(-1)(0)(+1)(+2)(+3)(+4) Por quê?
12	Incentiva os alunos a se posicionarem de forma ativa, crítica e reflexiva? (-4)(-3)(-2)(-1)(0)(+1)(+2)(+3)(+4) Por quê?
13	Participa das atividades coletivas institucionais? (-4)(-3)(-2)(-1)(0)(+1)(+2)(+3)(+4) Por quê?
14	Participa regularmente de eventos na sua área ou correlatos a ela? (-4)(-3)(-2)(-1)(0)(+1)(+2)(+3)(+4) Por quê?

15	Participa regularmente de formação continuada? (-4)(-3)(-2)(-1)(0)(+1)(+2)(+3)(+4) Por quê?
16	Planeja as aulas de acordo com o projeto/currículo da instituição? (-4)(-3)(-2)(-1)(0)(+1)(+2)(+3)(+4) Por quê?
17	Relaciona-se bem com seus colegas, com a equipe gestora, com seus alunos, com a equipe de apoio (servidores administrativos, de segurança, conversação e limpeza) e com a comunidade escolar (quando aplicado)? (-4)(-3)(-2)(-1)(0)(+1)(+2)(+3)(+4) Por quê?
18	Tem domínio do conteúdo que leciona? (-4)(-3)(-2)(-1)(0)(+1)(+2)(+3)(+4) Por quê?
19	Usa estratégias de ensino diversificadas e criativas? (-4)(-3)(-2)(-1)(0)(+1)(+2)(+3)(+4) Por quê?
20	Valoriza efetivamente os esforços dos seus alunos? (-4)(-3)(-2)(-1)(0)(+1)(+2)(+3)(+4) Por quê?
21	Escuta os alunos, considera suas perguntas, ideias e sugestões? (-4)(-3)(-2)(-1)(0)(+1)(+2)(+3)(+4) Por quê?
22	Promove clima de acolhimento afetivo e leveza nas interações com seus alunos? (-4)(-3)(-2)(-1)(0)(+1)(+2)(+3)(+4) Por quê?
23	Faz avaliações significativas, criativas e verdadeiramente reorientadoras dos processos de ensino e de aprendizagem? (-4)(-3)(-2)(-1)(0)(+1)(+2)(+3)(+4) Por quê?

■ Lista de verificação de avaliação do desempenho docente pelo aluno

- Promoção:
  I. Sistema Didático Integral: avaliação significativa, verdadeiramente reorientadora dos processos de ensino.

- O que é preciso: a lista de verificação a seguir.

- Como fazer: Que tal possibilitar democraticamente a escuta sensível das percepções do aluno acerca do seu desempenho docente? Esta é uma ação que reforça as parcerias e colabora no processo de reorientação do seu trabalho pedagógico. Apresente sua lista de verificação com algumas adequações, conforme sugiro abaixo, peça a eles para que sejam éticos no retorno que darão e que a sua identificação é facultativa. Você pode optar por realizá-las individualmente ou em duplas. Não recomendo grupos com número superior a dois, pois a tendência a ter respostas não fidedignas é grande. Não se esqueça de dar retorno a eles oportunamente. Embora essa estratégia avaliativa, como tantas outras com essa finalidade, seja suscetível de alguma troça feita por parte de um ou outro aluno, garanto-lhe que o custo-benefício será valioso!

	Avaliação do desempenho do professor feita pelo aluno Seu nome (opcional): _____ Ano/Turma: _____ Nome do/a seu/sua professor/a: _____ Querido/a aluno/a, veja que para cada pergunta há uma escala que vai do negativo ao positivo. Seja ético e marque como convém justificando brevemente sua reposta. Esta avaliação será útil para a melhoria das nossas aulas. Você considera que seu professor:
1	Acolhe, considera e respeita as críticas que a turma faz? (-4)(-3)(-2)(-1)(0)(+1)(+2)(+3)(+4) Por quê?
2	Escuta a turma, considera suas perguntas, ideias e sugestões? (-4)(-3)(-2)(-1)(0)(+1)(+2)(+3)(+4) Por quê?
3	Valoriza os esforços dos alunos? (-4)(-3)(-2)(-1)(0)(+1)(+2)(+3)(+4) Por quê?
4	Mostra domínio do conteúdo que leciona? (-4)(-3)(-2)(-1)(0)(+1)(+2)(+3)(+4) Por quê?
5	Divulga e cumpre o planejamento da disciplina? (-4)(-3)(-2)(-1)(0)(+1)(+2)(+3)(+4) Por quê?
6	Incentiva a criatividade nas aulas? (-4)(-3)(-2)(-1)(0)(+1)(+2)(+3)(+4) Por quê?
7	Contribui para um clima de boa convivência? (-4)(-3)(-2)(-1)(0)(+1)(+2)(+3)(+4) Por quê?
8	Usa estratégias de ensinos diferentes e criativas? (-4)(-3)(-2)(-1)(0)(+1)(+2)(+3)(+4) Por quê?
9	Tem critérios de avaliação claros e combinados com a turma? (-4)(-3)(-2)(-1)(0)(+1)(+2)(+3)(+4) Por quê?

- Avaliando em uma palavra

    - Promoção:
        I. Sistema Didático Integral: avaliação significativa, verdadeiramente reorientadora dos processos de ensino.

    - O que é preciso: a lista de verificação a seguir.
    - Como fazer: Esta estratégia, desenvolvida por Herrán (2011) e adaptada por mim, consiste no seguinte: ao final da aula, do curso ou do período letivo, peça para que cada aluno dirija-se ao quadro e escreva em qualquer lugar dele uma palavra que sintetize a vivência (aula, curso ou período) e volte a se sentar. Quando todos tiverem realizado a tarefa, terá sido construído um valioso painel de representações que lhe servirá para reorientar seus processos de ensino. O fato de pedir para que os alunos escrevam no quadro e voltem a se sentar é tornar possível que eles, por alguns instantes, visualizem o conjunto de representações e façam uma avaliação pessoal dele. Em seguida, pode dispensá-los e fazer suas conjecturas daquele painel. De acordo com Herrán (2011, p. 20), você "pode levar em conta dois parâmetros: o número de pessoas (palavras) que se levantaram para fazer as referências e o conteúdo delas, que matizará a natureza do impacto formativo". Fotografe o quadro para avaliar aquele conjunto de representações em outro momento e com mais calma.

Estratégias criativas de avaliação para as aprendizagens

Sobre a importância das avaliações para aprendizagens efetivas, já me referi no bloco anterior. Este bloco sugere estratégias criativas que objetivam efetivamente reorientar as *ensinagens* e as aprendizagens, para além de instrumento punitivo ou de balizador da aprovação/reprovação e para além de mensurar e quantificar positivistamente o saber.

- Produzindo democraticamente um banco de questões com a turma

    - Promoção:
        I. Sistema Didático Integral: relação criativa professor/alunos; foco no processo; clima criativo; avaliações e autoavaliações significativas

e criativas; clima de acolhimento afetivo e leveza nas interações professor/alunos.

II. Aprendizagem Criativa: personalização dos conteúdos; foco no aluno como sujeito ativo da aprendizagem.

III. Trabalho Pedagógico Criativo: autovalorização do aluno.

- O que é preciso: nada.
- Como fazer: Se você adota a prova como prática avaliativa, e espero que seja apenas UMA das suas modalidades de avaliação, experimente propor aos alunos que construam um banco de questões com base nas quais você vai elaborar sua prova. Para isso, você pode usar como estratégia pedir que cada aluno elabore, por exemplo, cinco questões com respostas sobre o conteúdo que se está estudando. Esta tarefa, por si só, já é um exercício de aprendizado. Depois disso, peça para que se reúnam em grupos de quatro participantes com o desafio de reduzirem, por meio de debate, as vinte questões, pois cada um dos quatro contribui com cinco, em dez! Essa discussão é muito produtiva, pois cada um defenderá as questões mais *caras* a ele e precisará negociá-las com as questões *caras* a todos os demais, uma vez que a personalização dos conhecimentos estará em jogo! Esse refinamento das questões deve ser finalizado por escrito e entregue a você. Se cada grupo produziu cinco questões, considerando o total de alunos da sua turma, você terá um significativo banco de questões que reflete elaborações próprias da turma, em um belo exercício democrático de corresponsabilização didático-pedagógica.

■ Contrato de avaliação

- Promoção:
    I. Sistema Didático Integral: relação criativa professor/alunos; foco no processo; clima criativo; avaliações e autoavaliações significativas, criativas e verdadeiramente reorientadoras dos processos de ensino e de aprendizagem; clima de acolhimento afetivo e leveza nas interações professor/alunos.

    II. Aprendizagem Criativa: personalização dos conteúdos; foco no aluno como sujeito ativo da aprendizagem.

    III. Trabalho Pedagógico Criativo: autovalorização do aluno.

- O que é preciso: instrumento apresentado adiante.
- Como fazer: Esta estratégia é adaptação minha com base no modelo de Armstrong (2001), apresentado em Miranda (2005). Todos sabem um pouco sobre a Teoria das Inteligências Múltiplas, desenvolvida em Harvard por Howard Gardner e seus colaboradores. Thomas Armstrong,[2] educador e psicólogo, é um dos cientistas que compõem o Projeto Zero,[3] que tem por missão investigar tais inteligências. Armstrong foi um dos membros da equipe de Gardner que trouxe os fundamentos da Teoria das Inteligências Múltiplas para a sala de aula e defende que "a avaliação autêntica abrange uma grande variedade de instrumentos, medidas e métodos" (Armstrong 2001, p. 121). Ele propõe um contrato por meio do qual os alunos escolhem como preferem ser avaliados.

---

2. Vale a pena visitar sua página na internet, disponível em: http://www.thomasarmstrong.com, acesso em 25/4/2016.
3. Igualmente válida é a visita à página do Projeto Zero, disponível em: http://www.pz.harvard.edu/, acesso em 25/4/2016.

CONTRATO DE AVALIAÇÃO

Caro/a aluno/a, estamos selando um compromisso por meio do qual você está escolhendo a forma como prefere ser avaliado/a. Assinale uma ou mais opções, date-o e assine-o ao final.

Aluno/a: _____

Para mostrar que eu aprendi o conteúdo trabalhado, eu prefiro:
- ❏ redigir um relatório
- ❏ apresentar o conteúdo estudado por meio de imagens
- ❏ montar um *site*
- ❏ elaborar um manual prático
- ❏ gravar e exibir entrevistas em áudio ou vídeo
- ❏ elaborar um mural
- ❏ apresentar um seminário
- ❏ fazer uma dramatização
- ❏ montar um experimento
- ❏ coordenar um debate na sala
- ❏ fazer uma música
- ❏ Outro:_____

Assinatura: _____ Local e data: _____

■ Escrevendo ou dizendo o que sabe

- Promoção:
    - I. Sistema Didático Integral: caráter produtivo do conhecimento; valorização do esforço; clima criativo; centralidade do processo

docente no aluno; respeito à individualidade; escutar os alunos; individualização do processo de ensino-aprendizagem; clima de acolhimento afetivo e leveza nas interações professor/alunos; avaliações e autoavaliações significativas, criativas e verdadeiramente reorientadoras dos processos de ensino e de aprendizagem.

II. Trabalho Pedagógico Criativo: ação pedagógica original; incentivo à independência, à audácia e à autovalorização.

III. Aprendizagem Criativa: compreensão do aluno como sujeito ativo da aprendizagem; incentivo ao posicionamento e confronto com base em seus pontos de vista e em suas reflexões pessoais como sujeito capaz de posicionar-se; compromisso reflexivo do aluno como sujeito que aprende.

- O que é preciso: nada.
- Como fazer: Se as avaliações visam identificar o que os alunos aprenderam, experimente solicitar a eles que redijam livremente sobre o que eles sabem sobre um determinado tema. Claro, a experiência deve ser feita sem consulta e de forma individual. Cada aluno buscará no seu cabedal de saberes aquilo que de fato lhe foi significativo e por isso o guardou. Sabendo o que seus alunos sabem, você vai descobrir o que eles não sabem e poderá intervir nos processos de ensino e de aprendizagem. E, ainda, você pode também avaliar a linguagem. Uma variável interessante é a exposição oral da resposta, mas estabelecendo um minuto para cada aluno.

■ Escrevendo ou dizendo o que ainda não compreendeu

- Promoção:
    I. Sistema Didático Integral: caráter produtivo do conhecimento; valorização do esforço; clima criativo; centralidade do processo docente no aluno; respeito à individualidade; escutar os alunos; individualização do processo de ensino-aprendizagem; clima de acolhimento afetivo e leveza nas interações professor/alunos; avaliações e autoavaliações significativas, criativas e verdadeiramente reorientadoras dos processos de ensino e de aprendizagem.
    II. Trabalho Pedagógico Criativo: ação pedagógica original; incentivo à independência, à audácia e à autovalorização.

III. Aprendizagem Criativa: compreensão do aluno como sujeito ativo da aprendizagem; incentivo ao posicionamento e confronto com base em seus pontos de vista e em suas reflexões pessoais como sujeito capaz de posicionar-se; compromisso reflexivo do aluno como sujeito que aprende.

- O que é preciso: nada.
- Como fazer: Tomando por base a estratégia anterior, foque agora no que seus alunos não compreenderam. Oriente-os a redigir ou comentar sobre conteúdos não compreendidos e eventuais motivos da incompreensão.

■ O que você realmente aprendeu hoje?

- Promoção:
    I. Sistema Didático Integral: caráter produtivo do conhecimento; valorização do esforço; clima criativo; centralidade do processo docente no aluno; respeito à individualidade; escutar os alunos; individualização do processo de ensino-aprendizagem; clima de acolhimento afetivo e leveza nas interações professor/alunos; avaliações e autoavaliações significativas, criativas e verdadeiramente reorientadoras dos processos de ensino e de aprendizagem.
    II. Trabalho Pedagógico Criativo: ação pedagógica original; incentivo à independência, à audácia e à autovalorização.
    III. Aprendizagem Criativa: compreensão do aluno como sujeito ativo da aprendizagem; incentivo ao posicionamento e confronto com base em seus pontos de vista e reflexões pessoais como sujeito capaz de posicionar-se, compromisso reflexivo do aluno como sujeito que aprende.

- O que é preciso: agenda ou diário.
- Como fazer: Esta estratégia nos remete à atividade "Meu querido Diário", do bloco "Estratégias criativas para avaliação da aula, da disciplina ou do curso e autoavaliações discente e docente". Peça para que os alunos providenciem os diários de acordo com as orientações lá descritas e apenas substitua a frase "Escreva ou represente qualquer coisa que tenha pensado ou sentido durante a aula de hoje" em cada página por "O que você realmente aprendeu hoje?". Reserve

um tempinho ao final de cada aula e peça para que eles localizem a página do diário relativa àquele dia e respondam à pergunta, sem apelar para suas anotações, livros ou *web*. Esta avaliação diária é uma forma valiosa de registro dos percursos de aprendizagens efetivas e será muito importante ao final do período letivo, no momento de avaliar o conjunto de aprendizagens.

■ Avaliando em um minuto

- Promoção:
    I. Sistema Didático Integral: avaliação significativa, verdadeiramente reorientadora dos processos de ensino.

- O que é preciso: nada.
- Como fazer: Esta estratégia pode ser realizada como avaliação inicial (diagnóstica), processual (no meio do percurso) ou ao seu final, com intencionalidade formativa. Peça para cada aluno responder no máximo em um minuto, a uma pergunta sua que pode estar relacionada com a sua motivação, às aprendizagens, às atividades realizadas, à sua participação, às dúvidas e dificuldades enfrentadas, à atuação do professor etc. Esta estratégia, desenvolvida por Herrán (2011) e adaptada por mim, propõe seu desenvolvimento em três fases:

    a) Fase das perguntas do professor, que podem ser fechadas ou abertas. Exemplos de perguntas fechadas: Em uma frase, o que você aprendeu? O que mais lhe interessou na aula de hoje? O que não ficou claro? Quanto tempo você dedicou ao estudo deste assunto em casa? Como podemos melhorar a aprendizagem do tema x ou y? O que você gostaria de aprender mais? Exemplos de perguntas abertas: a aula de hoje foi...; as dificuldades que tenho são...; a forma de avaliar do professor é...

    b) Fase de respostas dos alunos: Peça aos alunos que, no prazo de um minuto, respondam em uma folha, anonimamente, para que você, após receber todas as respostas, faça uma síntese avaliativa delas, inclusive fazendo comentários registrados nas folhas se necessário. Transponha-os para outra folha, com suas anotações, assim como as inferências gerais que você construiu na leitura das respostas dos alunos, pois você vai devolver as fichas a eles.

c) Fase de devolução e avaliação formativa: ponha para circular as folhas pela turma, de modo que cada um identifique a sua e a retire. Faça uma explanação com uma avaliação ampla dos comentários dos alunos e das atitudes que você tomará em função deles. Fale da importância deste processo avaliativo, no sentido de encorajá-los a se sentirem mais à vontade nos próximos.

Estratégias criativas para momentos específicos

Quantas vezes no decorrer de uma aula já nos flagramos desejando pôr em prática uma atividade pontual que melhorasse a exposição oral ou até mesmo o clima geral da aula? Estas decisões são extremamente importantes para as aprendizagens efetivas, elas quebram a linearidade monótona de uma aula e também levam os alunos ao foco principal do processo, como sujeitos ativos, críticos e reflexivos.

■ Árvore de ideias

- Promoção:
    I. Sistema Didático Integral: caráter produtivo do conhecimento; relação criativa professor/alunos; valorização do esforço; clima criativo; centralidade do processo docente no aluno; escutar os alunos, considerando suas perguntas, ideias e sugestões; clima de acolhimento afetivo e leveza nas interações professor/alunos.
    II. Trabalho Pedagógico Criativo: ação pedagógica original; questionamento e problematização da informação; incentivo à solução inovadora de problemas; incentivo à independência, à audácia e à autovalorização.
    III. Aprendizagem Criativa: transformação personalizada dos conteúdos; compreensão do aluno como sujeito ativo da aprendizagem; incentivo ao posicionamento e confronto com base em seus pontos de vista e em suas reflexões pessoais como sujeito capaz de posicionar-se; compromisso reflexivo do aluno como sujeito que aprende.

- O que é preciso: folhas com o desenho de uma árvore com muitos galhos.

- Como fazer: Quando trabalhar conceitos, prepare e entregue para os alunos o desenho de uma árvore em que os diversos galhos servem para organização livre de ideias, seja por hierarquia de conceitos, seja por semelhança etc. Entregue para eles uma folha em branco e incite-os a colocarem nela seus questionamentos, dúvidas e comentários. Proponha que busquem ver o quanto se reconhecem naquele conjunto de ideias, quais conceitos e argumentações percebem mais importantes, quais possíveis contradições e/ou lacunas encontram entre as ideias e os conceitos, e como os conhecimentos adquiridos podem se relacionar à sua prática e à sua vida, modificando-as. Após isso, solicite que cada um verbalize livremente acerca da vivência e sobre os conceitos (re)visitados.
- Para a socialização dessa construção, você pode organizar uma visita da turma a uma exposição em murais ou propor que os alunos circulem suas produções entre eles. De uma maneira ou de outra, promova uma discussão aberta ao final, em que cada um vai explicar a seu modo como foi a experiência em construí-la e, claro, falar um pouco sobre o conteúdo do seu trabalho! Se quiser uma experiência ainda mais original, incite seus alunos a construírem suas próprias árvores!

■ Um minuto de silêncio

- Promoção:
    I. Sistema Didático Integral: caráter produtivo do conhecimento; relação criativa professor/alunos; clima criativo; centralidade do processo docente no aluno; respeito à individualidade; escutar os alunos, considerando suas perguntas, ideias e sugestões; individualização do processo de ensino-aprendizagem; perguntas provocativas e sugestivas, não fornecendo respostas imediatas aos alunos; clima de acolhimento afetivo e leveza nas interações professor/alunos.
    II. Trabalho Pedagógico Criativo: ação pedagógica original; condução dos alunos à percepção de contradições e lacunas no conhecimento; proposições personalizadas aos alunos; incentivo à independência, à audácia e à autovalorização.
    III. Aprendizagem Criativa: transformação personalizada dos conteúdos; compreensão do aluno como sujeito ativo da aprendizagem; incentivo ao posicionamento e confronto com base em seus pontos de vista e em suas reflexões pessoais como sujeito capaz de posicionar-se, compromisso reflexivo do aluno como sujeito que aprende.

- O que é preciso: nada.
- Como fazer: Durante o estudo de um conteúdo, pare a aula de repente e proponha aos alunos a pausa de um minuto para uma reflexão pessoal e profunda sobre o tema que se está estudando. O objetivo é motivá-los a buscar correlações teórico-práticas e instigá-los a pensarem se se reconhecem na discussão e de que maneira. Também é interessante pensarem sobre quais conceitos e/ou argumentações percebem mais significativos, quais possíveis contradições e/ou lacunas encontram na discussão, e como tais conhecimentos podem se relacionar à sua vida e à sua ocupação, modificando-as. Ao final, pergunte se alguém deseja compartilhar suas reflexões.

■ Retomando o foco

- Promoção:
    I. Sistema Didático Integral: caráter produtivo do conhecimento; centralidade do processo docente no aluno; respeito à individualidade; clima de acolhimento afetivo e leveza nas interações professor/alunos.
    II. Trabalho Pedagógico Criativo: ação pedagógica original.
    III. Aprendizagem Criativa: compreensão do aluno como sujeito ativo da aprendizagem.
- O que é preciso: nada.
- Como fazer: Quando você sentir que o poder de concentração dos seus alunos está se exaurindo, proponha este interessante exercício. Pare a aula, peça para que coloquem as costas das mãos sobre a carteira, com os dedos recolhidos. Ou seja, as mãos fechadas, com os dorsos repousados sobre as carteiras. Peça que foquem seus olhares sobre a mão direita demoradamente. Peça-lhes para que, lentamente, abram o polegar até o limite sem parar de olhar para ele. Agora devem repetir esta operação com cada um dos outros dedos da mão direita. Concluída esta etapa, peça para que façam o processo inverso, desde o mindinho ao polegar. Tudo muito lentamente e sem desviar o olhar da tarefa. Terminada a operação com a mão direita, peça para que o façam com a mão esquerda.

■ Surpreendendo-os

- Promoção:
  I. Sistema Didático Integral: caráter produtivo do conhecimento; relação criativa professor/alunos; valorização do esforço; clima criativo.
  II. Trabalho Pedagógico Criativo: ação pedagógica original.

- O que é preciso: algo surpreendente.
- Como fazer: Vez ou outra faça algo que seja extraordinário e memorável! O falecido professor Randy Pausch (2008, p. 178), da Universidade Carnegie Mellon, em Pittsburgh nos Estados Unidos, conta em seu livro *A lição final* que no primeiro dia de aula dos seus períodos letivos levava um aparelho eletrônico velho, colocava em uma mesa e o destruía com uma marreta, dizendo: "Quando se constrói algo difícil de usar, as pessoas se aborrecem. Ficam tão irritadas que querem destruí-lo. Nós não queremos criar objetos que as pessoas queiram destruir".

Os alunos, assombrados, comentavam entre eles: "Não sei quem é esse sujeito, mas com certeza virei à aula dele amanhã para ver qual será sua próxima façanha".

Eu já fiz muitas estripulias nas minhas aulas no sentido de surpreender meus alunos. Por exemplo, já combinei com um amigo especialista em determinado assunto ligado à minha disciplina que, durante minha aula, entrasse na sala e sentasse na frente em um local que eu reservara. Esta era a primeira surpresa: um sujeito estranho sala adentro! Certamente meus alunos pensavam: "Esse aí errou a sala!", ou coisas semelhantes.

Então, em um determinado momento já combinado, ele pedia a palavra e dava uma superpalestra sendo aplaudido ao final! Essa era a segunda e principal surpresa! Também já levei objetos antigos para passar de mão em mão quando lecionava História da Arte e outras surpresas bem interessantes. Ainda hoje, vez ou outra surpreendo os meus alunos. O impacto se transforma em motivação pura!

Quem entendeu? Quem não entendeu?

- Promoção:
    I. Sistema Didático Integral: caráter produtivo do conhecimento; valorização do esforço; centralidade do processo docente no aluno; respeito à individualidade; escutar os alunos; individualização do processo de ensino-aprendizagem; perguntas provocativas e sugestivas, não fornecendo respostas imediatas aos alunos; clima de acolhimento afetivo e leveza nas interações professor/alunos; avaliações e autoavaliações significativas, criativas e verdadeiramente reorientadoras dos processos de ensino e de aprendizagem.

    II. Trabalho Pedagógico Criativo: ação pedagógica original; questionamento e problematização da informação; condução dos alunos à percepção de contradições e lacunas no conhecimento; proposições personalizadas aos alunos; incentivo à solução inovadora de problemas; incentivo à independência, à audácia e à autovalorização.

    III. Aprendizagem Criativa: transformação personalizada dos conteúdos; compreensão do aluno como sujeito ativo da aprendizagem; incentivo ao posicionamento e confronto com base em seus pontos de vista e reflexões pessoais como sujeito capaz de posicionar-se; compromisso reflexivo do aluno como sujeito que aprende.

- O que é preciso: nada.
- Como fazer: Em determinado momento da aula, pare sua explicação, escolha um ou mais alunos aleatoriamente e dirija-lhes perguntas como estas para averiguar o entendimento do assunto lecionado:

    – Maria, o que você sabe sobre este assunto?
    – André, por que este assunto nos interessa?
    – João, explique este conceito/teoria com suas palavras!
    – Renata, quais conceitos e/ou argumentações você percebe como mais importantes?
    – José, isto que acabei de explicar é importante por quê?
    – Pedro, você percebe alguma contradição entre os autores que falam deste tema?

- Mariana, como estes conhecimentos podem se relacionar à sua prática e à sua vida, modificando-as?
- Alguém mais gostaria de falar?

Você pode também inverter o foco para aquilo que não entenderam:
- Joana, o que você não conseguiu entender até agora?

Além de ser uma forma de buscar *feedback* pontual da sua aula, é uma estratégia pedagógica democrática e vai ajudar você a reorientar sua ação.

■ Insistindo na pergunta

- Promoção:
    I. Sistema Didático Integral: caráter produtivo do conhecimento; valorização do esforço; clima criativo; centralidade do processo docente no aluno; respeito à individualidade; escutar os alunos; individualização do processo de ensino-aprendizagem.
    II. Trabalho Pedagógico Criativo: questionamento e problematização da informação; incentivo à independência, à audácia e à autovalorização.
    III. Aprendizagem Criativa: compreensão do aluno como sujeito ativo da aprendizagem; compromisso reflexivo do aluno como sujeito que aprende.

- O que é preciso: nada.
- Como fazer: Quando você fizer uma pergunta a um determinado aluno e ele não souber a resposta, não desista da sua intenção. O foco no aluno é muito importante e essa é também uma maneira para que ele assuma o seu protagonismo no ato de aprender. Escolha outro aluno e faça a ele a mesma pergunta. Após sua resposta, volte ao aluno que não a respondeu e o convide a tornar a respondê-la, com base no que foi exposto pelo colega. Encoraje-o a fazê-lo com suas palavras e corrija eventuais deslizes. Se ocorrer de o segundo colega não saber a resposta, consulte o próximo, e assim por diante, até que alguém dê a resposta. Do mesmo modo, volte a pergunta para cada um dos alunos que a deixaram sem resposta.

Indo mais fundo

- Promoção

    I. Sistema Didático Integral: caráter produtivo do conhecimento; valorização do esforço; centralidade do processo docente no aluno; respeito à individualidade; escutar os alunos; individualização do processo de ensino-aprendizagem; perguntas provocativas e sugestivas, não fornecendo respostas imediatas aos alunos.

    II. Trabalho Pedagógico Criativo: questionamento e problematização da informação; incentivo à independência, à audácia e à autovalorização.

    III. Aprendizagem Criativa: transformação personalizada dos conteúdos; compreensão do aluno como sujeito ativo da aprendizagem; incentivo ao posicionamento e confronto com base em seus pontos de vista e reflexões pessoais como sujeito capaz de posicionar-se; compromisso reflexivo do aluno como sujeito que aprende.

- O que é preciso: nada.

- Como fazer: Quando um aluno der uma resposta a uma indagação sua, mesmo tendo sido ela correta, insista para que ele aprofunde o comentário, que faça correlações com outros conteúdos. Elogie seu acerto, mas não deixe escapar a oportunidade de o aluno explorar todas as possibilidades intensamente. Faça perguntas provocativas e sugestivas para que ele discorra mais sobre o assunto, estendendo-se mais nas latitudes e longitudes do tema. Incite-o a questioná-lo e problematizá-lo. Não se contente em ficar na superfície, mergulhe mais fundo com o aluno. Você pode solicitar contribuições da turma para ajudar no raciocínio e expressividade do colega.

Onde isso será útil?

- Promoção

    I. Sistema Didático Integral: caráter produtivo do conhecimento; centralidade do processo docente no aluno; clima de acolhimento afetivo e leveza nas interações professor/alunos.

    II. Trabalho Pedagógico Criativo: incentivo à independência, à audácia e à autovalorização.

III. Aprendizagem Criativa: transformação personalizada dos conteúdos; compreensão do aluno como sujeito ativo da aprendizagem; compromisso reflexivo do aluno como sujeito que aprende.

- O que é preciso: nada.
- Como fazer: Sempre que for possível, pare uma explicação e sugira em que aqueles conteúdos poderão ser úteis para o aluno. Em uma aula de Metodologia da Pesquisa eu silenciava por alguns segundos e dizia: "Agora prestem mais atenção ainda! Aprender a estrutura básica de um projeto de pesquisa vai ser essencial para vocês quando forem elaborar a monografia. Não deixem escapar este momento fantástico de aprendizagem".

Qualquer disciplina oferece condições para esta ação e é extremamente importante para que ele construa novos sentidos para seus aprendizados e os torne efetivos. Se acaso você, como professor, não perceber vínculos do que ensina com a vida do aluno é sinal que está na hora de rever suas concepções e discutir as da instituição com seus pares e gestores.

■ Esteja próximo, faça contato

- Promoção:
  I. Sistema Didático Integral: relação criativa professor/alunos; centralidade do processo docente no aluno; escutar os alunos; clima de acolhimento afetivo e leveza nas interações professor/alunos.
  II. Trabalho Pedagógico Criativo: incentivo à independência, à audácia e à autovalorização.
  III. Aprendizagem Criativa: compreensão do aluno como sujeito ativo da aprendizagem.

- O que é preciso: nada.
- Como fazer: Manter-se fixo falando para os alunos na frente da sala, colado ao quadro de giz ou ao telão de projeção definitivamente não é uma estratégia favorecedora de aprendizagens efetivas. É como se você dissesse a eles que existem duas zonas na sala, a sua e a deles. Assim, as interações tão necessárias naufragarão e as aprendizagens jamais poderão ser "nossas", nunca serão comungadas. Não se esqueça: você é parte deste jogo democrático que é o ensinar/aprender. Faça-se

efetivamente presente, pactue cumplicidades com sua presença. Circule pela sala, desloque-se entre as carteiras, fale de perto com seus alunos, abaixe-se ao nível deles, olhe-os nos olhos, chame-os pelos nomes, toque-os nos ombros, segure suas mãos. Estas são ações que, além de ajudar a mantê-los ativos e atentos, sinalizam para uma proposta de partilha conjunta da construção dos saberes.

■ Retomando os objetivos

- Promoção:
    I. Sistema Didático Integral: centralidade do processo docente no aluno.
    II. Aprendizagem Criativa: compreensão do aluno como sujeito ativo da aprendizagem; compromisso reflexivo do aluno como sujeito que aprende.

- O que é preciso: nada.

- Como fazer: Há um provérbio oriental que diz: "Se você não sabe aonde pretende chegar, qualquer caminho serve". Tal adágio definitivamente não se encaixa em uma educação que se pretende efetiva. É indispensável sabermos aonde queremos chegar. De vez em quando relembre a seus alunos quais são os objetivos daquela aula, disciplina ou curso estabelecido no planejamento. É preciso saber claramente para onde se está caminhando, para que as aprendizagens não se dispersem e possam se efetivar. Além disso, serve também a você para alertá-lo das coerências necessárias no percurso. Assim, em alguns momentos, pare a aula e rememore com eles quais objetivos se perseguem naquele processo.

■ Cenas do próximo capítulo

- Promoção:
    I. Sistema Didático Integral: caráter produtivo do conhecimento; relação criativa professor/alunos; centralidade do processo docente no aluno; clima de acolhimento afetivo e leveza nas interações professor/alunos.
    II. Trabalho Pedagógico Criativo: ação pedagógica original.

III. Aprendizagem Criativa: compreensão do aluno como sujeito ativo da aprendizagem; compromisso reflexivo do aluno como sujeito que aprende.

- O que é preciso: nada.
- Como fazer: A noção de processualidade que a construção do conhecimento deve ter é indispensável ao aluno, assim como é essencial perceber que as informações apresentadas a ele são logicamente encadeadas, correlacionadas entre si, que sua disciplina não é uma colcha de retalhos ou uma pena levada pelo vento. E espero mesmo que não seja. Assim, recorra ao seu planejamento e ao final da aula faça como nas novelas: antecipe as cenas do próximo capítulo, informando com motivação (ou melhor, relembrando, pois se espera que eles tenham cópia da programação) os tópicos que serão tratados e, quem sabe, apontando com suspense para algo que poderá ser surpreendente! Esta estratégia pode ser útil também para o aluno se *municiar* melhor para uma participação mais efetiva e maior compromisso reflexivo.

Da mesma maneira, é bastante interessante começar sua aula fazendo um rápido resumo dos principais pontos discutidos na aula anterior. Esta tática ajuda nos encadeamentos entre os assuntos e na ideia de um *continuum*, facilitando a vida do aluno.

■ Histórias de vida dos autores

- Promoção:
    I. Sistema Didático Integral: relação criativa professor/alunos; clima criativo; clima de acolhimento afetivo e leveza nas interações professor/alunos.

- O que é preciso: nada.
- Como fazer: Costumeiramente estudamos as teorias, as discussões, enfim, as contribuições de diversos autores para nossa área de conhecimento. Convivemos com elas, nos envolvemos com elas. Desafiam-nos, afiam-nos e também por vezes nos põem a desafinar. Autores nos põem raivosos e também nos alegram; frustram-nos, mas também nos fazem orgulhos quando reconhecemos que avançamos nas aprendizagens. Mas é isso mesmo: os processos de construção dos conhecimentos

são cheio de reveses, faz parte da sua dinâmica. O fato é que, nessa aludida dinâmica, sabemos um bocado das obras e muito pouco dos seus autores. Não me refiro a eles como intelectuais, mas como gente de carne e osso, que, como nós, tiveram alegrias, tristezas, frustrações, dificuldades, superações etc. Esse conhecer nosso, trazem esses autores mais para perto da gente, essa espécie de intimidade pode alimentar o desejo de saber mais. Quando lecionei em um determinado curso de graduação, instituí "o momento da fofoca". Eu parava a aula e brincava em tom de cochicho para a turma: "Moçada, chegou o momento da fofoca!". A turma já sabia que eu teria alguma *notícia bombástica* sobre a vida pessoal daquele autor do qual falava, e eu os via se ajeitarem nas cadeiras para ouvirem a anedota, sempre uma informação curiosa da vida do autor, às vezes motivadora, às vezes divertida.

■ Vão pensando sobre isso

- Promoção:
    I. Sistema Didático Integral: caráter produtivo do conhecimento; relação criativa professor/alunos; valorização do esforço; clima criativo; centralidade do processo docente no aluno; respeito à individualidade; escutar os alunos; perguntas provocativas e sugestivas.

    II. Trabalho Pedagógico Criativo: questionamento e problematização da informação; incentivo à solução inovadora de problemas; incentivo à independência, à audácia e à autovalorização.

    III. Aprendizagem Criativa: compreensão do aluno como sujeito ativo da aprendizagem; incentivo ao posicionamento e confronto com base em seus pontos de vista e em suas reflexões pessoais como sujeito capaz de posicionar-se; compromisso reflexivo do aluno como sujeito que aprende.

- O que é preciso: nada.

- Como fazer: Como seria interessante se nossas aulas continuassem após seu encerramento, que os alunos saíssem e, entre uma aula e outra, não cessassem de pensar, de produzir conhecimento! Pois aqui vai uma ideia que pode motivá-los a continuar elucubrando até o próximo encontro: termine a aula com uma pergunta ou questão provocativa e sugestiva e os desafie a conjecturar sobre ela até o retorno à aula, momento em que você vai retomar a pergunta ou questão e promover um rápido debate.

Você levanta o tema e diz: "Vão pensando sobre isso... Dialoguem com seus amigos e, na próxima aula, discorreremos sobre o assunto!".

Pode dizer respeito ao tema sobre o qual estão estudando ou outro assunto correlato, mas não perca essa oportunidade de possibilitar de que levem, ao menos um pouco, as discussões consigo!

■ Do que tratamos na aula passada?

- Promoção:
    I. Sistema Didático Integral: caráter produtivo do conhecimento; relação criativa professor/alunos; valorização do esforço; clima criativo; centralidade do processo docente no aluno; respeito à individualidade; escutar os alunos; individualização do processo de ensino-aprendizagem.
    II. Trabalho Pedagógico Criativo: questionamento e problematização da informação; incentivo à solução inovadora de problemas; incentivo à independência, à audácia e à autovalorização.
    III. Aprendizagem Criativa: compreensão do aluno como sujeito ativo da aprendizagem; incentivo ao posicionamento e confronto com base em seus pontos de vista e em suas reflexões pessoais como sujeito capaz de posicionar-se; compromisso reflexivo do aluno como sujeito que aprende.

- O que é preciso: nada.
- Como fazer: Uma estratégia muito rica para reforçar a noção de *continuum*, de encadeamento, de processualidade da produção do conhecimento é iniciar a aula perguntando aos alunos o que foi discutido na aula anterior, provocar uma tempestade de ideias na turma no sentido de refrescar o que foi aprendido recentemente e a partir daí retomar o percurso dos processos de ensino e aprendizagem. Comece lançando a pergunta para a turma: "E, então, pessoal... do que tratamos na aula passada?".

    Após alguns minutos de verbalização coletiva, dirija-se a determinados alunos, chamando-os pelo nome: "Cida, queremos ouvir você".

    Para aquecer a dinâmica da discussão, motivar outros alunos a posicionarem-se quanto à indagação e, além disso, possibilitar mergulhar mais fundo na questão, você pode agir assim: "A resposta é muito boa, Márcia! Mas pode ser melhorada... Quem pode ajudar?". Como variável interessante, você pode usar a seguinte frase: "Turma, refresque-me a memória, do que tratamos mesmo na aula passada?

E provoque a conversa, incite-os à discussão, às discordâncias que eventualmente surgirem. No momento oportuno, feche a estratégia com uma síntese de tudo o que falaram e arremate elogiando a participação da moçada!

■ Abrindo e fechando as aulas em grande estilo

- Promoção:
  I. Sistema Didático Integral: caráter produtivo do conhecimento; relação criativa professor/alunos; centralidade do processo docente no aluno; clima de acolhimento afetivo e leveza nas interações professor/alunos.

- O que é preciso: o que sua criatividade sinalizar.

- Como fazer: Sempre comparei uma aula com a prática esportiva da corrida: a largada e a chegada são definidoras! Embora o desempenho do atleta no percurso seja fundamental, se fizer uma largada ruim e uma chegada desastrosa, tudo o que aconteceu entre um momento e outro não terá valor! Por sua vez, ter uma bela largada e não imprimir força e convencimento no percurso vai apontar para uma chegada fracassada. Nessa analogia, o impacto positivo e sedutor do início de uma aula podem sinalizar para a motivação no decorrer do percurso, claro, se ele mantiver o alto nível de expectativas nascidas no início. Uma chegada igualmente impactante e gloriosa é o coroamento, diria mais, o êxtase necessário que pode mobilizar o aluno a retornar para a aula vindoura com aquele gás! Lembra-se do episódio que contei do professor Randy Pausch na estratégia "Surpreendendo-os"? No primeiro dia de aula ele levava um aparelho eletrônico velho, colocava-o em uma mesa e o destruía com uma marreta, discorrendo sobre seu ato, e conquistando, assim, a curiosidade dos alunos, que voltavam na aula seguinte para verem o que aquele maluco faria em seguida. Tudo isso ele fazia no primeiro dia de aula, nós podemos, sem nada quebrar, fazer do início de cada aula uma experiência de sedução pedagógica fenomenal! E, de fato, os momentos mais críticos da aula são seu começo e seu final. Como na aviação os são as decolagens e os pousos. Tudo o que foi ensinado pode ter sido em vão, se aberturas e fechamentos não forem convincentes. Sempre tive o maior horror de aulas que terminavam em um silêncio sepulcral, com professor e alunos guardando seus materiais enquanto se aguardava o sinal de término da aula. Imagine! Aula terminar com o protocolar minuto de silêncio. Da mesma maneira, ou pior ainda, os intermináveis minutos de silêncio que antecedem as aulas, magnífico berço do tédio como cartão de visitas! Então é isso: inove, imprima movimento e dinâmica em suas aulas, sobretudo no seu começo e no seu final.

■ Refazendo a sintonia fina da atenção

- Promoção:
    I. Sistema Didático Integral: clima de acolhimento afetivo e leveza nas interações professor/alunos.
    II. Trabalho Pedagógico: ação pedagógica original.

- O que é preciso: nada.
- Como fazer: A atenção humana, mecanismo ativo e seletivo, é o foco consciente sobre determinado aspecto da realidade e sabemos o quanto ela oscila. Sabemos também que a atenção, como uma das funções psíquicas superiores, é extremamente importante para os processos de aprendizagens. Do ponto de vista histórico-cultural a atenção é guiada por nossos interesses e necessidades construídos na nossa história. Portanto, além de carecermos que o objeto da nossa atenção nos seja significativo, para que mantenhamos o foco nele, sabemos, igualmente, que as suas oscilações, motivadas inclusive pelos estados emocionais do sujeito, são constantes. Além disso, há um limite temporal para mantê-la focada a partir do qual nossa capacidade de apropriação daquele objeto vai se esvaindo gradativamente. Por isso, além do intervalo tradicional que a aula prevê, fique atento aos eventuais climas de tensão mais aguda (porque o jogo dialético da tensão/distensão integra esta dimensão) e proponha uma pausa para que espaireçam e retomem o ajuste da sintonia fina da atenção.

No próximo capítulo, compartilho com você uma experiência didática que julgo bastante ilustrativa a respeito do que discorri até agora e que pode nortear melhor as suas experiências com este livro.

Uma EXPERIÊNCIA didática inspirada nas perspectivas conceituais Sistema Didático Integral, TRABALHO Pedagógico Criativo e Aprendizagem Criativa

Vivenciei como professor um curso de formação continuada, planejado e realizado à luz da concepção do Sistema Didático Integral para Contribuir ao Desenvolvimento da Criatividade (Mitjáns Martínez 1997), da Aprendizagem Criativa (Mitjáns Martínez 2012a) e do Trabalho Pedagógico Criativo (Mitjáns Martínez 2008a e 2008b), objetivando que a formação fosse significativa, criativa e produtiva para as alunas. O curso, de duração semestral, foi voltado às professoras atuantes na Educação Infantil da Secretaria de Educação do Distrito Federal e ocorreu no primeiro semestre de 2014, entretanto, você pode adaptar esse modelo de planejamento para uso em qualquer nível, etapa ou modalidade de ensino na qual atue.

Com essa proposta de organização didática, apropriando-se das estratégias aqui apresentadas, o curso iniciou-se com apresentações pessoais calcadas na leveza, no acolhimento afetivo e no clima criativo, favorecendo a socialização ideal do grupo. Nesse dia, cada aluna colocou seu nome em um pedaço de papel que ia para uma pequena sacola, e tinham apenas a informação de que o motivo só seria revelado ao final da aula.

Cada aula foi aberta com clima lúdico: uma música suave e, por ser voltada à educação infantil, uma leitura de um livro infantil diferente a cada encontro com temática relacionada ao assunto do dia. Cada texto para estudo foi explorado sempre com uma estratégia didática criativa diferente, e o *layout* da sala foi recorrentemente alterado no decorrer do curso, não só para que se adequasse melhor à estratégia do dia, mas também para dar ares de novidades e espantar uma eventual monotonia. Próximo ao final de cada encontro era feita a avaliação daquela aula, sempre de maneira criativa e se alternando as estratégias. Em outros momentos foram feitas autoavaliações criativas das participações de desempenho por parte das cursistas. Na aula seguinte era dado o retorno à turma.

Em momentos específicos eram utilizadas diferentes estratégias criativas dentre as aqui apresentadas para mobilizar aprendizagens efetivas e produtivas. Ao final tínhamos sempre o momento surpresa: o sorteio de um livro, elegantemente embalado. O nome retirado da sacola era excluído dos próximos sorteios, assim não se repetiria o sorteado ao longo do curso.

O arranjo engendrado para o curso, de forma que atendesse à referida perspectiva conceitual, estabeleceu para cada aula, em termos de planejamento, os seguintes tópicos:

1. tema;
2. conteúdos;
3. texto para estudo;
4. questões problematizadoras;
5. estratégias didáticas: estratégias para que a turma se conheça (específica para a aula inaugural); estratégias para aquecimento; estratégias para a exploração de conteúdos;
6. estratégias para avaliação da aula;
7. estratégias de encerramento.

As articulações dessas dimensões visavam favorecer a vivência do Sistema Didático Integral para contribuir ao desenvolvimento da criatividade, do Trabalho Pedagógico Criativo e da Aprendizagem Criativa.

A título de exemplo, veja o planejamento da primeira e da segunda aula do curso:

AULA 1

1. Tema: O sujeito que aprende.

2. Conteúdos: socialização da turma, apresentação do planejamento e normas gerais do curso.

3. Texto: González Rey, Fernando Luís (2008). "O sujeito que aprende: Desafios do desenvolvimento do tema da aprendizagem na psicologia e na prática pedagógica". *In*: Tacca, Maria Carmen (org.). *Aprendizagem e trabalho pedagógico*. Campinas: Alínea.

4. Questões problematizadoras: Como você entende a crítica do autor ao "conhecimento como algo despersonalizado"?; Qual deve ser o posicionamento do aluno como sujeito que aprende?; De que maneira se pode repensar as práticas pedagógicas nas escolas na perspectiva do sujeito que aprende?; Quais palavras, frases ou ideias têm importância crucial para a perfeita compreensão desse texto? Você se reconhece no texto? De que modo?; Quais conceitos e/ou argumentações você percebe mais importantes?; Quais possíveis contradições e/ou lacunas você encontrou nos textos?; Como esses conhecimentos podem se relacionar à sua prática docente, melhorando-a?

5. Estratégias didáticas:

    Estratégias para que a turma se conheça (estratégia específica para a aula inaugural):
    - "Acolhimento socioafetivo" e "A lâmpada mágica" (estratégias constantes neste livro).

    Estratégias para aquecimento:
    - Contação de história: Miranda, Simão de (2012). *Para ser feliz todo dia*. Fortaleza: Conhecimento.
    - Vídeo (10 min.), *O papel do professor*,[1] de Rubem Alves, e discussão.

---

1. Disponível em: https://www.youtube.com/watch?v=G_1h7N51dnk, acesso em 26/4/2016.

Estratégias para a exploração de conteúdos:
   ➢ Expressando-se em um minuto (estratégia constante neste livro).

6. Estratégias para avaliação da aula:
   Curti! Não Curti! (constante neste livro).

7. Estratégias de encerramento:
   ➢ Cenas do próximo capítulo: assuntos que serão tratados na próxima aula (estratégia constante neste livro).
   ➢ Alerta da leitura para a próxima aula:
   Texto: "Professor da pré-escola: Por onde devo ir-me daqui?". Rio de Janeiro: Fundação Roberto Marinho/FAE, 1990.
   ➢ Sorteio de um livro.

AULA 2

1. Tema: História da infância e da educação infantil.

2. Conteúdos: infância como construção sócio-histórico-cultural; a criança e a indústria cultural; constituição histórica da infância e da educação infantil e a sua relação com a educação; contribuições do campo da história, da pedagogia, da sociologia, da antropologia e da psicologia para a compreensão da infância.

3. Texto: "Professor da pré-escola: Por onde devo ir-me daqui?". Rio de Janeiro: Fundação Roberto Marinho/FAE, 1990.

4. Questões problematizadoras: o texto desenha um quadro da pré-escola brasileira de 1990. Considerando que 26 anos se passaram, como você analisa a pré-escola atual?; Discutamos estes termos que aparecem ao longo do texto: *acumular conhecimentos, prontidão para aprender, receber alfabetização, preparação para a vida futura*; O que você pensa das expressões de *paparicação*, tais como *tatibitates, bilu-bilu, fofinho da titia*, dirigidas às crianças? Quais palavras, frases ou ideias têm importância crucial

para a perfeita compreensão desse texto? Você se reconhece no texto? De que modo?; Quais conceitos e/ou argumentações você percebe mais importantes?; Quais possíveis contradições e/ou lacunas você encontrou nos textos?; Como esses conhecimentos podem se relacionar à sua prática docente, melhorando-a?

5. Estratégias didáticas:

    Estratégias para aquecimento:
    - Do que tratamos na aula passada: breve retrospecto da aula anterior (estratégia constante neste livro).
    - Contação de história: Alemagna, Beatrice (2010). *O que é uma criança?*. São Paulo: Martins Fontes.
    - Vídeo (2 min.), Poema "Infância",[2] recitado por Carlos Drummond de Andrade e discussão.

    Estratégias para a exploração de conteúdos:
    - Aprendendo com conversas paralelas (estratégia constante neste livro).

6. Estratégias para avaliação da aula:
    - Radar de avaliação da disciplina ou do curso feito pelo aluno (estratégia constante neste livro).

7. Estratégias de encerramento:
    - Cenas do próximo capítulo: assuntos que serão tratados na próxima aula (estratégia constante neste livro).
    - Alerta da leitura para a próxima aula:
      Texto: Tunes, Elizabeth; Tacca, Maria Carmen e Mitjáns Martínez, Albertina (2006). "Uma crítica às teorias clássicas da aprendizagem e a sua expressão no campo educativo". *Linhas Críticas*, v. 12, n. 22, jan.-jun. Brasília, pp. 109-130.
    - Sorteio de um livro.

---

2. Disponível em: https://www.youtube.com/watch?v=D9hCuyTRef4, acesso em 26/4/2016.

Esses são apenas exemplos da experiência que organizei e vivenciei como docente e que, reitero, deve ser ajustada de acordo com as circunstâncias peculiares a cada contexto. Mas é preciso registrar o grau de motivação e envolvimento gerados por essa turma e, sobretudo, as animadoras implicações no trabalho pedagógico das professoras, identificadas pelo estudo científico em que se baseou este livro, denominado "Criatividade e subjetividade na formação continuada de professores da educação infantil do Distrito Federal", conduzido por mim durante um ano e meio no Programa de Pós-graduação em Educação da Faculdade de Educação da Universidade de Brasília, sob a orientação da professora doutora Albertina Mitjáns Martínez.

As construções teóricas sinalizadas pela pesquisa conduzem a interpretações das participantes do curso como aquelas que compreendem e se comprometem com processos de aprendizagens significativas e criativas para o trabalho pedagógico; aquelas que perseveram no estabelecimento de relações entre os conteúdos aprendidos e as realidades nas quais atuam, assim como onde e de que forma tais conhecimentos podem aplicar-se nos seus cotidianos. Outra importante contribuição são os indicadores de criatividade no trabalho pedagógico das professoras e na transposição dos saberes advindos da formação continuada ao trabalho pedagógico com as crianças, e também como a formação se expressa nele. O estudo pode ser acessado na íntegra no meu *website* www.simaodemiranda.com.br.

Epílogo que pretende ser recomeço: A aula precisa desejar o aluno

Na minha vida como profissional de educação vivencio, corriqueiramente, criando ou recriando, talvez centenas de estratégias didáticas criativas no meu trabalho pedagógico. Faço isso sistematicamente desde que ingressei na carreira, há 27 anos, completados em 2016, ocasião em que escrevo este texto. Primeiro, nos diversos níveis, etapas e modalidades da educação básica nos quais fui professor (de crianças, jovens e adultos); depois, na docência superior (Normal Superior, Pedagogia e Letras), também como professor de professores no Distrito Federal, e em 15 dos 26 estados brasileiros onde ministrei cursos e palestras; lecionei para professores também na Argentina e em São Tomé e Príncipe, na África. Em todos esses diferentes contextos renovei minhas convicções do quanto as possibilidades concretas de se promover aprendizagens criativas e produtivas, que falem forte e definitivo, que de fato signifiquem para nossos alunos, mobilizam fortemente os sujeitos em situações de aprendizagens.

Defendemos recorrentemente que o aluno deve amar a escola, envolver-se com as aulas. Qual motivação você teria para envolver-se com algo de que desconfia fortemente que não gosta? Pois bem, a escola e a aula precisam desejar o aluno. E ele não demorará a perceber isso! Aí, sim, ambos se encontrarão. Inevitavelmente me transporto à minha época de estudante. Sobretudo nos longínquos primeiro e segundo graus, hoje ensino fundamental e médio. Em que pese as aulas monótonas, nas quais eu e muitos outros alunos conferíamos o letárgico passar das horas no relógio afixado acima do quadro negro, minuto a minuto; não obstante as aulas detestáveis, entediantes, mornas e desestimulantes que até me inspiraram a saltar os muros da escola por muitas vezes para jogar bola no campinho de futebol ao lado; a despeito das aulas nas quais quando dizíamos ao professor que não havíamos entendido a lição (sim, porque professor *bom* é aquele que sabe ensinar a lição. Lição, que do latim, *legere*, se resume ao *ato de ler*. Lição para a vida, nem pensar!), ele repetia fielmente o maldito já dito em volume mais alto, como se nosso *problema* fosse a surdez (sim, porque o aluno não aprende *a lição* porque está obstaculizado por um *problema*); em que pese todo este cenário terrificante, também houve aulas que não saíram de mim até hoje: aulas que me desejavam (e por isso mesmo eu, apaixonado, correspondia àqueles desejos), aulas inesquecíveis, apaixonantes, inspiradoras, estimulantes, entusiasmadas, envolventes, que concorreram fortemente para minha permanência na escola, pois passei muito perto de engrossar as estatísticas da evasão, e que me salvaram, quem sabe, da vida marginal, porto de chegada de muitos amigos meus de escola que foram presos na delinquência ou mortos em conflitos nos submundos do crime, pois habitávamos uma temida periferia!

Quando me tornei professor começaram minhas indagações: o que havia de diferente entre essas duas modalidades de aulas para serem assim tão diametralmente opostas e provocadoras de feitos e efeitos tão intensos? É que em uma delas estavam as disciplinas, as aulas, os professores e a escola, que construíam conosco saberes que nos representavam, que faziam sentido, que significavam, que propunham aprendizagens que continuavam quando as aulas terminavam, que prosseguiam quando o professor ia embora! Deste lado estavam os professores, que iam além do ritual, do trivial, da repetição de receitas obsoletas, do surrado livro-texto de páginas ensebadas, aqueles que ousavam as novidades e, assim, nos ensinavam a amar e a sonhar! Eles se constituíram em educadores de sonhos e arquitetos de utopias! Não de sonhos quaisquer, e sim de sonhos que rompiam horizontes, que rasgavam os véus das exclusões, que implicavam transformações! O fato é que essa face, por me desejar, me seduziu. Essa que sabe que aprendizagem não se sustenta apenas em sua dimensão cognitiva, e por isso firmei compromisso vitalício com ela, a escola que transforma, que emancipa, que constrói oportunidades de ascensão social produzindo conhecimentos que façam sentido. Mas percebo também que a formação de professores sempre negligenciou a dimensão criativa, e, em um absurdo paradoxo, privilegia de maneira quase exclusiva a dimensão cognitiva. Urge, faz tempo, que as formações inicial e continuada de professores (mais: que as políticas de formação) coloquem o tema criatividade, como dimensão geradora, em primeiríssimo plano nas perspectivas da formação pessoal do professor e também do seu trabalho pedagógico nas escolas, nas suas interações com os alunos.

Assim, a cada estudo que faço, a cada vivência docente democrática e criativa que empreendo com meu alunos, a cada livro que escrevo, consolida-me ainda mais a convicção de que o trabalho pedagógico criativo por parte de quem ensina e o favorecimento de aprendizagens criativas a quem aprende, sustentadas em uma organização didática que contribua para o desenvolvimento das aprendizagens criativas, podem constituir-se no diferencial na vida escolar dos alunos, revelando a eles o quanto a aula os deseja. Reforçam-se em mim as certezas de que estão, ao alcance de qualquer educador, metodologias didáticas diferenciadas que podem ajudá-lo a fazer seu trabalho pedagógico mais significativo, mais criativo e mais produtivo. Penso, sobretudo, na qualidade social da vida escolar e extraescolar dos milhares de crianças e jovens que passam (às vezes, só passam mesmo!) por nossas vidas, e que confiam a nós, os educadores, e à escola todos os seus sonhos.

Minhas inquietações profissionais e acadêmicas acerca dos processos de ensinar e aprender vêm de longa data – principalmente sobre como possibilitar uma apropriação significativa, criativa e produtiva do que é ensinado, e como propiciar ao aluno condições de interpretar e usar o conhecimento produtivamente –, e sempre mantive assumido o compromisso de colaboração sistemática aos colegas educadores, que, como eu, inquietam-se diante de aprendizagens meramente memorísticas e voláteis, que não se incorporam às bagagens do sujeito, que não se efetivam, que não produzem transformações, que não seduzem, que não desejam os alunos. Ampliar as possibilidades da constituição de novos sentidos para o trabalho pedagógico com vistas a favorecer aprendizagens efetivas, significativas, criativas e produtivas é a provocação que lhe faço. Você topa o desafio? Que bom, eu sabia! Então, coloque as mãos nos ingredientes para a feitura de uma escola mais sedutora, mais desejosa, mais desejada, que gere e alimente o apetite dos alunos e depois me conte suas experiências. Será um prazer e também uma oportunidade de aprender com suas descobertas!

Você vai me encontrar no *website* www.simaodemiranda.com.br.

Um carinhoso abraço do

Simão de Miranda

Referências bibliográficas

ALEMAGNA, Beatrice (2010). *O que é uma criança?*. São Paulo: Martins Fontes.

AMARAL, Ana Luiza Snoeck Neiva do e MITJÁNS MARTÍNEZ, Albertina (2009). "Aprendizagem criativa no ensino superior: A significação da dimensão subjetiva". *In*: MITJÁNS MARTÍNEZ, Albertina e TACCA, Maria Carmen (orgs.). *A complexidade da aprendizagem: Destaque ao ensino superior*. Campinas: Alínea.

ARMSTRONG, Thomas (2001). *Inteligências múltiplas na sala de aula*. Porto Alegre: Artmed.

ARRUDA, Tatiana Santos (2014). "A criatividade no trabalho pedagógico do professor e o movimento em sua subjetividade". Tese de doutorado. Brasília: Universidade de Brasília.

CAVALCANTI, Joana (2006). "A criatividade no processo de humanização". *Saber (e) Educar*, n. 11. Porto: ESE de Paula Frassinetti, pp. 89-98.

CAVALCANTI, Mônica Maria Pinheiro (2009). "A relação entre motivação para aprender, percepção do clima de sala de aula para criatividade e desempenho escolar de alunos do 4º ano do ensino fundamental". Dissertação de mestrado. Brasília: Universidade de Brasília.

DALE, Edgar (1969). *Audiovisual methods in teaching*. Nova York: Dryden.

EGLER, Valdívia de Lima Pires (2013). "A aprendizagem de professores na pós-graduação: Três estudos de caso". Dissertação de mestrado. Brasília: Universidade de Brasília.

GONZÁLEZ REY, Fernando Luís (1999). "Psicologia e educação: Desafios e projeções". *In*: RAYS, Oswaldo Alonso (org.). *Trabalho pedagógico: Realidade e perspectivas*. Porto Alegre: Sulina.

_____ (2003). *Sujeito e subjetividade: Uma aproximação histórico-cultural.* São Paulo: Thomson Learning.

_____ (2004). "O sujeito, a subjetividade e o outro na dialética complexa do desenvolvimento humano". *In*: MITJÁNS Martínez, Albertina e SIMÃO, Livia Mathias (orgs.). *O outro no desenvolvimento humano.* São Paulo: Thomson Learning.

_____ (2005). *Pesquisa qualitativa e subjetividade: Os processos de construção da informação.* São Paulo: Thomson Learning.

_____ (2008). "O sujeito que aprende: Desafios do desenvolvimento do tema da aprendizagem na psicologia e na prática pedagógica". *In*: TACCA, Maria Carmen (org.). *Aprendizagem e trabalho pedagógico.* Campinas: Alínea.

_____ (2011). *Pesquisa qualitativa em psicologia: Caminhos e desafios.* São Paulo: Cengage Learning.

HERRÁN, Augustín de la (2011). "Técnicas didácticas para una enseñanza más formativa". *In*: AGUILAR, N. Álvarez e PÉREZ, R. Cardoso (orgs.). *Estrategias y metodologías para la formación del estudiante en la actualidad.* Camagüey: Universidad de Camagüey.

MIRANDA, Simão de (2005). *Professor, não deixe a peteca cair! 63 ideias para aulas criativas.* Campinas: Papirus.

_____ (2010). *Afetividade e autoestima da criança.* Fortaleza: Imeph.

_____ (2011). *Como se tornar um educador de sucesso: Dicas, conselhos, propostas e ideias para potencializar a aprendizagem.* Petrópolis: Vozes.

_____ (2012). *Para ser feliz todo dia.* Fortaleza: Conhecimento.

_____ (2013). *Oficina de ludicidade na escola.* Campinas: Papirus.

_____ (2015). *Estratégias criativas de aprendizagens: Para quem quer aprender melhor.* São Paulo: Paulinas.

MITJÁNS MARTÍNEZ, Albertina (1997). *Criatividade, personalidade e educação.* Campinas: Papirus.

_____ (2008a). "Criatividade no trabalho pedagógico e criatividade na aprendizagem: Uma relação necessária?". *In*: TACCA, Maria Carmen (org.). *Aprendizagem e trabalho pedagógico.* Campinas: Alínea.

_____ (2008b). "A criatividade como princípio funcional da aula: Limites e possibilidades". *In*: VEIGA, Ilma Passos Alencastro (org.). *Aula: Gênese, dimensões, princípios e práticas.* Campinas: Papirus.

_____ (2012a). "Aprendizagem criativa: Uma aprendizagem diferente". *In*: MITJÁNS MARTÍNEZ, Albertina; SCOZ, Beatriz Judith Lima e CASTANHO, Marisa Irene Siqueira (orgs.). *Ensino e aprendizagem: A subjetividade em foco.* Brasília: Liber Livro.

_____ (2012b). "Aprendizagem criativa: Desafios para a prática pedagógica". *In*: NUNES, Claudio Pinto (org.). *Didática e formação de professores.* Ijuí: Unijuí.

MITJÁNS MARTÍNEZ, Albertina e GONZÁLEZ REY, Fernando Luís (2012). "O subjetivo e o operacional na aprendizagem escolar: Pesquisas e reflexões". *In*: MITJÁNS MARTÍNEZ, Albertina; SCOZ, Beatriz Judith Lima e CASTANHO, Marisa Irene Siqueira (orgs.). *Ensino e aprendizagem: A subjetividade em foco.* Brasília: Liber Livro.

OLIVEIRA, Luciana da Silva (2014). "O professor e sua formação: Aspectos constitutivos desse processo". Dissertação de mestrado. Brasília: Universidade de Brasília.

PAUSCH, Randy (2008). *A lição final.* Rio de Janeiro: Agir.

ROSA, João Guimarães (2006). *Grande sertão: Veredas.* Rio de Janeiro: Nova Fronteira.

TUNES, Elizabeth; TACCA, Maria Carmen e MITJÁNS MARTÍNEZ, Albertina (2006). "Uma crítica às teorias clássicas da aprendizagem e sua expressão no campo educativo". *Linhas Críticas*, v. 12, n. 22, jan.-jun. Brasília, pp. 109-130.

WECHSLER, Solange Muglia (1998). *Criatividade, descobrindo e encorajando: Contribuições teóricas e práticas para as mais diversas áreas.* Campinas: Psy.

WECHSLER, Solange Muglia e NAKANO, Tatiana de Cássia (2011). "Criatividade: Encontrando soluções para os desafios educacionais". *In*: WECHSLER, Solange Muglia e SOUZA, Vera Lúcia Trevisan (orgs.). *Criatividade e aprendizagem: Caminhos e descobertas em perspectiva internacional.* São Paulo: Loyola.

Especificações técnicas

Fonte: Gatineau 11 p
Entrelinha: 14,5 p
Papel (miolo): Offset 75 g
Papel (capa): Cartão 250 g
Impressão e acabamento: Paym